互联网供应链金融研究

袁　峰◎著

中国原子能出版社

图书在版编目（CIP）数据

互联网供应链金融研究 / 袁峰著 . -- 北京 ：中国
原子能出版社，2021.9
ISBN 978-7-5221-1587-0

Ⅰ．①互… Ⅱ．①袁… Ⅲ．①互联网络－应用－供应
链管理－金融业务－研究 Ⅳ．① F252.2-39

中国版本图书馆 CIP 数据核字（2021）第 189308 号

互联网供应链金融研究

出版发行	中国原子能出版社（北京市海淀区阜成路 43 号　100048）
策划编辑	杨晓宇
责任印刷	赵　明
装帧设计	王　斌
印　　刷	天津和萱印刷有限公司
经　　销	全国新华书店
开　　本	787mm×1092mm　　　1/16
印　　张	11.5
字　　数	213 千字
版　　次	2021 年 9 月第 1 版
印　　次	2022 年 1 月第 1 次印刷
标准书号	ISBN 978-7-5221-1587-0　　　　　定　价 68.00 元

网　址: http//www.aep.com.cn　　　　**E-mail:** atomep123@126.com
发行电话: 010-68452845

作者简介

袁峰，男，1976 年 11 月 16 日生，43 岁，中国人民大学商学院技术经济及管理博士学位，日本筑波大学 MBA，副教授，高级经济师，现就职于吉林工程技术师范学院经济贸易学院，投资学教研室。历任多家公司负责人，在电商、营销、管理、投资方向均有深刻的思考及实操经验。

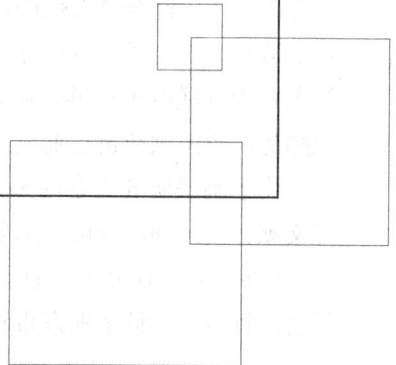

前　言

在新的经济局面下，供应链金融正在不断地崛起并成熟起来，为企业的发展提供了新的契机，在这一过程中，以银行为首的金融机构充分利用了金融服务，进而使企业与金融机构实现了双赢的局面。世界互联网信息技术的发展使得互联网供应链金融将会得到更加广泛的运用，并为我国的经济发展以及融资提供新的思路，全面提升资金的运作效率，同时要在工作中清晰地认识到当前互联网供应链金融所存在的问题，并积极地提出解决对策，进而为企业的发展提供更加有效的保障，实现供应链金融环节中的信息共享，促进我国经济的繁荣发展。

全书共七章。第一章为绪论，主要阐述供应链金融诞生的背景、中国供应链金融的发展历程，供应链金融行业存在的问题和互联网供应链金融的实质分析等内容；第二章为供应链金融的思维解析，主要阐述供应链金融的大数据思维和投行思维等内容；第三章为互联网供应链金融的形态，主要阐述互联网供应链金融概述、供应链多样性融合服务，客户归属与供应链服务底层化，现金流量周期是价值回路的绩效表现，供应链产业的多生态化等内容；第四章为互联网供应链金融的新模式，主要阐述互联网供应链金融模式的优势和分类等内容；第五章为供应链金融资金来源与风险管控，主要阐述供应链金融的资金来源、风险来源和风险管控，互联网供应链金融系统的稳定性分析等内容；第六章为国外供应链金融发展的经验与启示，主要阐述国外供应链金融的发展历程、案例分析，国内外供应链金融的对比，国外供应链金融发展经验启示等内容；第七章为互联网供应链金融行业的前景展望，主要阐述互联网供应链金融的发展趋势，我国供应链行业发展的对策探讨等内容。

为了确保研究内容的丰富性和多样性，在写作过程中参考了大量理论与研究文献，在此向涉及的专家学者们表示衷心的感谢。

最后，限于作者水平有不足，加之时间仓促，本书难免存在一些疏漏，在此，恳请同行专家和读者朋友批评指正！

袁峰

2021 年 1 月

目录

第一章 绪论

供应链金融是一种新型的金融服务模式，具有很大的市场潜力和发展空间；供应链金融的发展是经济发展和金融服务发展共同推动的产物，是产业资本与金融资本深度结合的一种有效方式，要找出制约供应链金融发展的因素，以点带面全面推进供应链金融的发展。本章分为供应链金融诞生的背景、中国供应链金融的发展历程、供应链金融行业存在的问题、互联网供应链金融的实质分析四个部分。主要包括：供应链金融诞生的全球化大背景、赊销结算方式等背景，我国供应链金融发展的理论基础、发展历程和发展现状，供应链金融行业中存在的各种问题及互联网供应链金融的含义和特点实质分析等内容。

第一节 供应链金融诞生的背景

一、全球化大背景下企业间的分工细化

全球背景下制造模式相对以往有了很大的变化，产品的生产过程通常需要多个工序，假如将这些工序按时间顺序排列，就形成一个由原材料到半成品到成品的产业链，而且每一道工序都为价值增值的环节。因此产业链也可以视为价值增值链。

就生产某个产品而言，其生产过程可分为多个工序，因而需要人们分工合作来完成，这种分工是基于价值链的各环节展开的。分工可分为企业内分工和企业间分工。企业内分工，是指产品的各环节在一个企业内部完成，但由不同的部门、车间完成，也就是人们常说的"纵向一体化"，如图 1-1 所示。而企业间分工，是指产品各环节由不同的企业来分工完成的，然后将其组装成成品，也可称为"横向一体化"。事实上，随着经济全球化，企业间分工现象已经极为普遍。

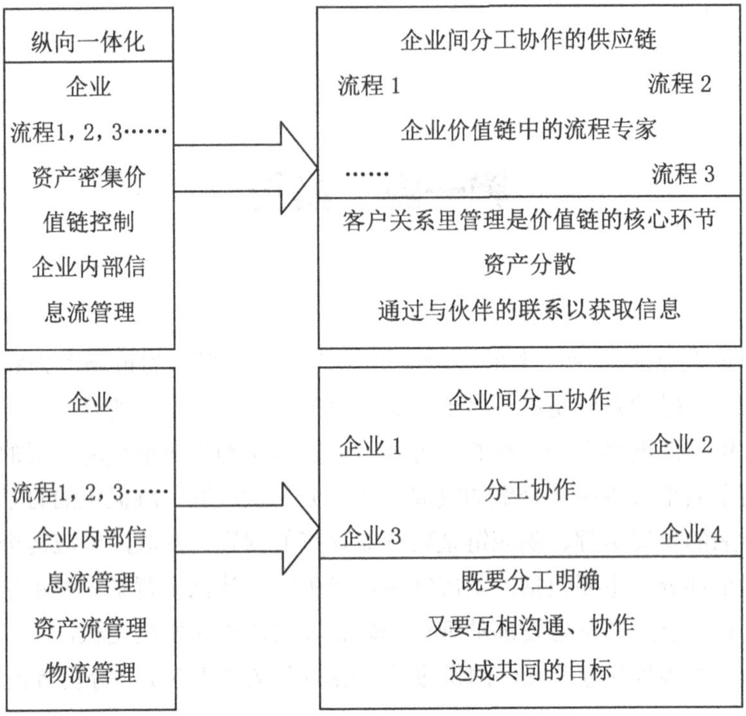

图 1-1　纵向一体化

　　在全球化的背景下，企业间分工细化，协作性不断增强，与此同时，企业由之前的"纵向一体化"，走向"横向一体化"。在"纵向一体化"的制造模式中，生产过程是由单个企业进行集中管理的，而一旦采用企业间分工模式，不同的生产工序分配到各企业，就需要有个核心企业对整体生产流程进行协调和管理，因此一种新型管理模式便应运而生，即供应链管理。

　　企业间分工合作因而形成供应链，但由于链条上的各企业规模、实力等不同，实力强的企业可以轻易地从金融机构获得融资，而实力差的中小型企业很难从金融机构获得融资，这给供应链发展带来极负面的影响，供应链金融应运而生。

二、赊销结算的方式开始应用

　　在赊销结算方式开始应用前，信用证结算是贸易结算中主流的结算工具，不过这一工具对出口商很有利，但对进口商则带来很大的成本和风险压力。随着世界经济快速发展，市场主动权由卖方转为买方，导致贸易市场竞争更为激烈。

由于买方市场的形成，消费者的选择变多，出口商为了扩大出口，占领市场，只能想办法提高产品质量、降低产品价格，同时，改变结算方式向买方提供更具竞争力的贸易条件也是很好的办法，因此赊销作为一种主要的竞争手段出现了。

当商品进入买方市场，商品过剩但购买力相对不足，只能采用赊销来增加自身的竞争力。因此近年来，信用证结算的比率在逐步下降，买方为了降低交易成本，使自身利益最大化，因而要求用赊销结算方式替代传统的信用证结算方式。

从信用管理角度来说，企业竞争比的并非只是销量和市场占有率的高低，同时也包括企业内部的管理，坏账概率的高低、应收账款平均回收时间的长短，谁的销量更大。因此赊销可谓是项风险博弈，如果对方能按时支付款项，企业就能获得相应的利润；但对多数中小型企业来说此举必然是冒着较高的风险。

但如果企业要求买方必须使用货币作为交换媒介，则会形成瓶颈效应，即企业想销售出更多的商品，但客户缺少购买更多商品的资金，因而出现两难境地，此时客户就希望企业能将商品赊销给他。如果企业不这么做，失去的可能不只是赚钱的机会，甚至是市场。因为其他企业都在采用这种赊销方式。所以，企业应在控制风险的基础上进行赊销。

赊销对卖方来说似乎显得有些迫不得已，但就像任何事物都有正反两方面，卖方采用赊销的结算方式也有很多好处，如图1-2所示。

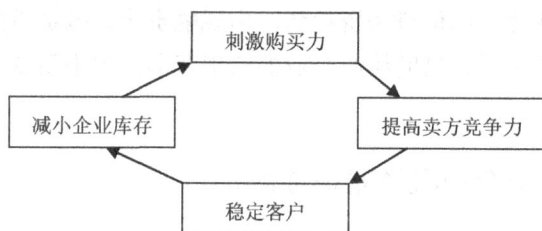

图1-2 赊销对卖方有利的一面

因此，随着经济发展和买方市场的形成，人们有了更多的选择，必然会选择成本较低、效率却更高的赊销结算方式。

三、降低成本提高效率的需要

从人类社会出现经济价值交换活动，到如今大致经历了三个阶段，如图1-3所示。

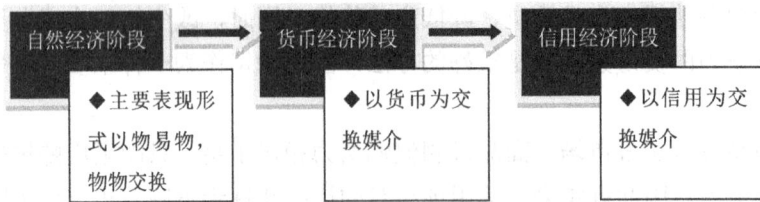

图 1-3　人类社会交换媒介发展历程

自然经济阶段物物交换效率非常低，而且有时很难找到自己所需要的物品，因而产生较高的交换成本；随着经济发展和社会进步，货币作为交换媒介出现，货币逐渐取代了物物交换，且货币便于携带和管理，也好识别，能大幅降低交换成本，提高交换效率。但是这种交换方式仍存在货币成本和银行利息；信用经济阶段信用作为交换媒介，企业可以从供应商那里赊购原料，然后赊销给批发商、零售商，在这一过程中，企业无须借贷资金，提高了交易效率。

在实践过程中，核心企业往往会通过推迟对供应商的付款和向分销商转移库存来实现自己的财务经济性，由此对上下游的企业带来资金挤压，变相地提高了整个供应链链条的企业生产成本，在直观财务压力的刺激下，基于资金流和供应链财务层面的管理引起重视。作为供应链管理的重要部分，供应链金融也就纳入了讨论范围。早期，核心企业通过借助自身信用，以商业银行等金融机构为依托，提供融资服务，而中小型企业由于先天的劣势和规模较小，难以获得与大型企业比肩的信贷融资优势，出现融资难，融资贵的状况。如今通过企业之间的协作关系，借助核心企业的信用背书，中小型企业也能够获得金融机构优待。

四、中小型企业融资难形成刚需

核心企业因规模大、资源多、竞争力强，因而较易从金融机构获得贷款同时在供应链中处于主导地位，与供应链上下游的中小型企业议价谈判上很有优势。因此为了降低成本，争取更大的利益，核心企业往往在交货时间、价格优惠、质量等方面对中小型企业过于苛刻，如要求更长的赊销期限、更短的交货时间、更具优惠的价格等，从而给配套企业造成较大的负担。

中小型企业迫切需要资金，但又无法从正常渠道获得融资。从理论上来说，银行提高贷款利息可以冲销风险成本，然而风险并不是中小型企业融资难的决定因素。

这样双方信息不对称,因此银行无法对中小型企业设置差别化信贷价格体系。中小型企业由于固定资产存量较少,符合银行认可的抵押资产更是少之又少;同时由于经营存在较高的不确定性,风险较高,且很难有其他企业为其提供保证担保。换句话说,传统的信贷审核及评估技术对中小型企业并不适用。

从银行方面而言,中小型企业融资具有"短平快"的特点,贷款频率高、单笔额度小,信息采集成本通常也高于大型企业,审核过程过于烦琐,耗时过长,且中小型企业运营相比大型企业风险较高,这就导致中小型企业很难从银行贷到款。即使成功贷款,其中的时间成本、资金成本等都通过利率转嫁给中小型企业,因而给中小型企业带来沉重的融资成本。

任何企业都不是孤立的,必然与某个供应链中的上下游企业产生交集,企业必然属于某个供应链,在其以经营为基础的融资需求背后必然对应着一个交易行为。供应链金融就是在这个基础上建立的,与传统金融相比包容性更强,如表 1-1 所示。

表 1-1 传统银行和供应链金融中小型企业融资难解决方案

融资困难原因	传统金融机构	供应链金融融资方案
信息不够流畅,造成信息不对称	无法掌握中小型企业的实际状况,难以设置差别化信贷价格体系	引入核心企业和第三方物流企业,以真实贸易交易背景的交易信息取代融资企业的资信信息
缺乏相应的抵押物	偏好担保抵押贷款,但中小型企业因缺乏高价值的抵押物,因而很难通过担保抵押方式获得贷款	利用真实贸易交易背景中产生的应收账款、应付账款、存货等作为抵押物品,以便及时获得融资,解燃眉之急
道德风险较高,非系统性风险高	中小微企业未来经营前景不确定性较高,风险较大,因而很难让其他主体进行商业性担保	通过监管物流、资金流,掌管货权等方式极大降低了风险,同时以核心企业的信用为背书,也能进一步降低风险
金融机构操作成本高	审核程序复杂、调查费时费力,成本较高,与收益不对称	审核供应链核心企业的信用等级,并审查中小型企业与核心企业的交易行为及在供应链中的地位和作用,能够降低金融机构的操作成本

供应链金融不再只局限于评估中小型企业的财务、资产等状况,而是以核心企业为中心,从整个供应链的角度考虑供应链各成员之间的资信状况,尤其是考量中小型企业在供应链中的作用和地位,降低中小型企业融资的难度,放宽了融资的标准入门槛,同时还可借助物流企业等的帮助,加强货物、货权的

控制，以降低风险。

供应链金融无疑大大改善了传统银行信贷，主要表现在两方面：一方面是将传统银行偏好不动产抵押转向动产，如以贸易往来凭证作为放贷依据；另一方面信息内容的转换，改变以往的信息不对称局面，而以贸易信息来替代中小型企业的资信信息。同时可利用大数据降低信息获取的成本、拓宽信息的来源渠道，以这些信息作为评估重点，为中小型企业提供无抵押、无担保的信用授信。

第二节　中国供应链金融的发展历程

一、国内供应链金融的理论研究

（一）供应链金融概念

宋炳方（2008）认为供应链金融是一种组合融资的形式，把握融资过程中产生的资金流、物流与信息流，核心企业在融资过程中占据着首要地位，融资对象是核心企业上下游的供应商与经销商。

黄少卿、胡跃飞（2009）对供应链金融的内涵进行了学理上的界定，认为供应链金融是一种市场交易活动，为了供应链组织体系的融资需要，将资金与相关的服务进行定价，由专门的金融组织者－商业银行对供应链开展的一种市场交易活动，是对供应链中如何管理资金流形成的完整的方案体系，是对供应链金融资源的整合。

我国学者姜超峰（2015）认为供应链金融采取了供应链的管理方法，为供应链参与企业提供融资服务。

宋华、陈思洁（2016）在分析供应链金融发展不同阶段的基础上，提出供应链金融是在产业供应链基础上形成的一种金融活动。通过对供应链运营过程中"三流"的服务跟踪，开展的针对供应链各环节参与者的一种融资活动，属于特定的微观金融范畴。

艾瑞咨询于可心（2019）认为供应链金融是以真实贸易为基础，服务于供应链上下游企业，企业之间通过贸易行为形成的现金流是银行的直接还款来源，为需要融资的企业提供金融解决方案，优化企业现金流，继而提高供应链的整体效率。

（二）供应链金融模式

许祥秦、闫俊宏（2007）对应收账款设计了应收账款融资模式，存货设计了存货融资模式——融通仓，预付账款设计了保兑仓融资模式。

徐华（2009）在总结各家银行开展供应链金融业务的基础上，着重分析了供应链金融模式的三种融资模式，每一种融资模式的融资流程、适用对象。

黄祥正（2013）运用案例分析法，以浙江网新数码销易达业务为例，开展了以预付账款融资为融资模式的供应链金融业务，并且取得了良好的市场反应。

王峰（2014）详细分析了融通仓融资模式，指出融通仓模式对供应链融资参与方以及金融机构的盈利起到举足轻重的作用。

俞佳超（2018）基于应收账款、存货以及预付账款的农产品供应链金融模式，梳理了三种模式的基本流程与主要特点，并分析了每一种融资模式下的农产品供应链金融案例。

黄明田、储雪俭（2019）基于供应链思维和产业融合，系统全面的设计了供应链金融业务的运作模式，并且对上下游企业融资业务、物流监管的存货类融资业务以及银行票据类融资业务都做了具体分析。

（三）供应链金融业务特点

闫俊宏、许祥秦（2007）认为供应链金融的主要特点是整体性，整个供应链的研究是从核心企业入手，结合银行对供应链上下游的企业进行融资，可以有效解决供应链失衡问题，促进整个供应链的持续稳定发展。

史金召、杨云兰（2014）通过分析供应链金融的构成要素，总结出供应链金融跟传统信贷相比第一个特点是授信对象的转变，传统信贷对单一企业授信，而供应链金融是对供应链的整体授信，第二个特点是具有自偿性和连续性。

韦霞萍、何晓明（2018）研究认为，供应链金融特点一是将被动授信变为主动授信，二是通过整体授信的方式，提升服务效率，三是可将融资企业的销售情况、纳税情况和信用记录实行动态监控，主动预警。

二、我国供应链金融发展历程

随着全球化经济的发展，中国企业或多或少的在不同程度上也参与着全球供应链的布局，而国际之间自由贸易的发展，从一定程度上来讲，也确实带动了金融的全球化，在经济全球化的推动下，生产链与供应链的关系更加密切，生产链的全球化将为生产链和供应链在全球化的贸易背景下两者联系更为紧密，生产链的全球化必然会对供应链的全球化提出一定的硬性要求，而我国的供应链金融就是在这样一种大背景下产生的。同时在改革开放的促进作用下，国内的众多企业都取得了不小的成就，正是在这一阶段，我国的制造业开始受到全球的关注，逐渐成为跨国公司供应链的中心，凭借着这个机会，我国的供应链金融也是快速发展，经历了从无到有，从简单到复杂，并针对本土企业进行了大量的创新。我国的供应链金融发展历程分为四个阶段。

（一）供应链金融 1.0

最初的供应链金融模式就是线下"1+N"模式，如图 1-4 所示。"1"是核心企业，"N"是上下游的中小企业，供应商或者经销商，主要的方式也就是前面提到的传统供应链金融模式。在这种模式下，商业银行为中小企业提供信贷的基础是有核心银行的信用为支撑，优点就是围绕这个核心企业可以完成众多相关的金融服务。这种线下的模式没有把商流、物流、信息流和资金流汇合，缺点非常显而易见，就是信息成本高，风险控制难度大。

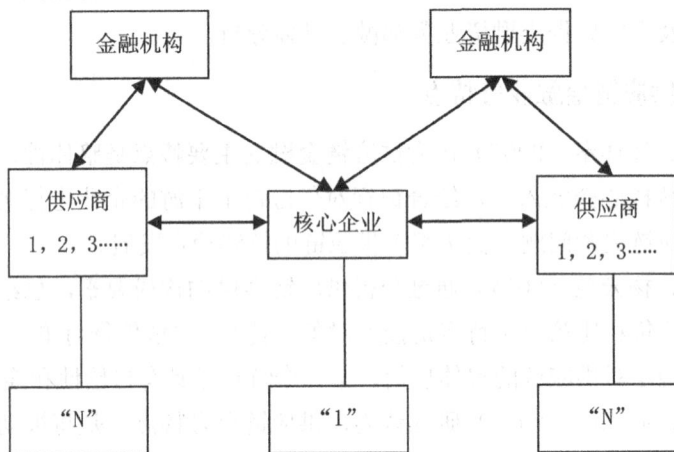

图 1-4 供应链金融 "1+N" 模式

（二）供应链金融 2.0

2.0 模式就是针对 1.0 中信息成本的问题产生的，最早提出把信息集中整合思想的是深圳发展银行，也就是现在的平安银行。这时不仅仅是银行提供资金，电商、P2P 平台纷纷参与，并且已经由线下模式发展到线上模式。实现"四流"合一，依托互联网技术和平台把产业链上的各方紧密结合，为他们提供融资服务和结算等多方面的合作。这种线上模式解决了两大问题：一是把信息搬到了线上，降低了信息不对称，二是实现了物流、商流、信息流和资金流的整合。信息的线上化简化了供应链金融业务的操作流程，一定程度上实现了信息整合和共享，中小企业申请获得融资的速度加快，资金周转也因此加快。目前很多商业银行已经将线下供应链金融转为了线上，比如中国银行的销易达和工商银行的电子供应链金融服务，以及招商银行的智慧供应链金融平台。

随着多方平台的加入，传统的"1+N"模式逐渐变成了"N+1+1+1"模式，这种模式的参与方有核心企业、商业银行、上下游中小企业以及第三方电商和物流企业，这样，线上平台达到了信息共享的目的。这种模式识是在互联网化以及电商平台越发重要的背景下产生的，实现商业银行与电商平台和物流企业的跨界合作，这种合作利用了电商平台的信息优势，企业的生存、下手和仓储信息都能从平台上获得，从而更加利于商业银行进行放贷和风险控制，使得物流、商流、资金流和信息流更好的整合在一起。当然，这种模式也存在局限性，因为依然是以核心企业为中心，而不是围绕上下游中小企业，随着"去核心化"的趋势越加明显，这种模式也开始向下一阶段进化。供应链金融2.0阶段，如图1-5所示。

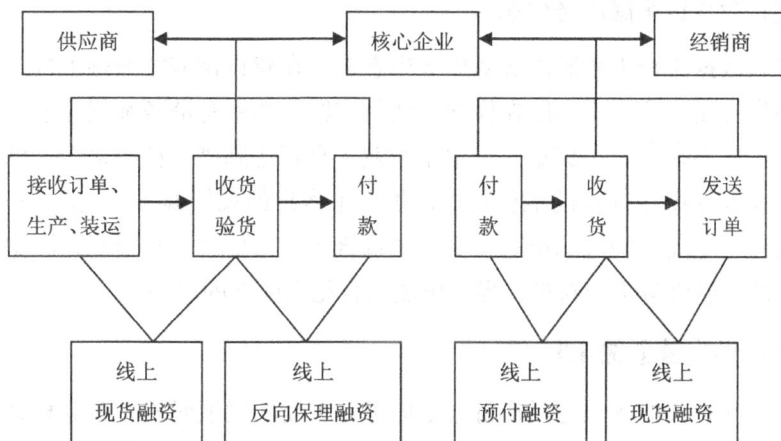

图 1-5　供应链金融 2.0 阶段

（三）供应链金融 3.0

如果说2.0模式是渠道上的创新，那么供应链金融3.0实现的是产品的创新。作为目前线上供应链金融的高级形式，3.0模式是银行业务回归服务实体经济，避免系统性金融风险，以及实现普惠金融的必要选择。通过大数据、云计算将巨大的商、物、资金、信息流汇集一起，这是一个实现了产业和金融结合的大系统，同时也依靠区块链等金融科技控制风险，其主要特点如下。

1. 以中小企业为核心对象

传统模式以及 2.0 模式是以核心企业为中心，3.0 模式的主要服务范围转为了中小企业的交易，摆脱了之前以核心企业信用为支撑，在供应链金融的电子化平台上汇集了一系列金融服务和商务服务。供应链金融的服务对象真正成为广大上下游中小企业，打破了以往主要服务于核心企业的状态。

2. 全链条信息化平台

3.0 模式的产生就是以大数据、物联网等信息科技的发展为背景，实现了供应链全链条的信息化。通过为企业提供免费的 ERP，实现完全在线的融资、物流和保险等的交易流程。基于整个供应链条上的交易数据，线上以交易数据为质押，结合线下的实际抵质押，在多方面提供了金融服务。这种完全线上模式有两大优点，一是线上交易数据的可获得性降低了风险和成本，中小企业的资金需求得到了满足；二是这种在线平台模式把业务申请办理流程缩短，加快了业务处理速度。

3. 建设供应链金融服务生态圈

构建以数据流转为基础的金融服务生态链，在建设供应链金融平台上营造金融服务生态圈。这个生态圈在横向上使供应链上的所有链条都相互融合，通过链条上的核心客户上下聚集大量中小企业，真正达到"去核心化"，核心企业和中小企业获得了同样的融资待遇，扩大了客户的规模群。其次，3.0 模式更加开放的与电商、物流和第三方支付平台合作，与信息化管理商、法律和金融机构以及政府服务平台对接，提供更加综合化全面性的服务。

（四）供应链金融 4.0

工业 4.0 时代的到来为供应链金融服务迎来新的发展时机，工业和金融界的联合催生了供应链金融 4.0。4.0 供应链金融模式的服务对象几乎完全以产业链的上下游中小企业为主，融资金融更小更加碎片化。4.0 模式更加广泛的运用大数据、物联网、人工智能等技术，并且引入区块链进行风险控制。供应链金融由"中心化"跨向了"智能化"，实现了"产融结合"，这也是在国家政策提出"金融回归本源，服务实体经济"下的改变，能够更好解决中小企业融资问题：一是抵押物由实体物资变成数据交易信息，通过在线系统，重新构筑了中小企业的融资信用；二是整合了数据、资金流和物流，基于真实的贸易发生，在提高效率的同时，也控制了风险。4.0模式相对于3.0除了服务和产品更全面，把金融科技更好地融合在产融之中，最突出的特点是区块链技术的应用，依附区块链的中心化网状结构、不可篡改性和信息透明的核心价值，更好地为智慧供应链金融赋能，消除以往供应链金融模式的痛点，重新建立了新的信用体系，把更多企业纳入范围内。

三、我国供应链金融发展现状

（一）政策鼓励下供应链金融交易规模不断扩大

近几年，支持供应链金融发展的政策如雨后春笋接连出台。各类主体受到政策鼓励纷纷投入到供应链金融领域抢占资源，促进了实体经济供应链条与金融业的深度融合，也为其茁壮成长提供了沃土。值得注意的是，2017年10月国务院相关部门发布的《关于积极推进供应链创新与应用的指导意见》，该文件的发布把供应链发展的战略地位拔高到国家层面，这对于供应链金融发展具有重要意义。随后，2018年4月，商务部等多个相关部门联发了关于上述《意见》开展试点的通知。文件指出，要积极贯彻落实国务院对供应链创新所做出的战略部署，坚持供给侧结构性改革，优化产业链，提高各类资源整合效率，以点带面增强企业、产业及区域三者的协同发展，引领消费升级，为实体经济发展增添新动力，为新时代供应链领域赋予新动能，助力现代化经济建设，并以此促进经济高质量发展。

（二）供应链金融核心主体实现跨界发展

我国投身于供应链金融领域的主体可谓种类多样，涵盖范围广泛，其中包括商行、行业领头企业、供应链公司、服务中小外贸企业的综合平台、商家对商家的交易平台、从事物流行业的企业、Fintech（金融科技）公司等，实现了核心主体多样化发展。而在这众多参与主体中，引领我国供应链金融发展的先驱者却只有商业银行这一个，一开始银行作为资金供给者为供应链条主导企业提供资金支持，随后由核心企业利用链条上存在的应收账款、预付账款、库存商品为其他中小企业展开金融服务，其中包括提供资金、支付结算、财务管理等。

随着"互联网＋"的深入发展，供应链金融的主体也随之发生了改变，专业化经营的供应链公司与B2B平台占据了市场的半壁江山。B2B平台作为枢纽可从客户端和服务端分别入手，利用自身平台为客户提供服务后所积累的数据，为企业提供有力的数据支撑和资信支持。也正因如此，B2B 平台利用自身的数据优势，逐步营造了良好的商业生态环境，吸引多方供应链主体向 B2B 平台聚合，实现了物流、保险、外贸等多行业集聚。加之，近年来金融科技发展突飞猛进，海量数据可运用云计算、机器学习轻松处理，致力于金融数据分析的公司不断涌现，使得这些 Fintech（金融科技）公司利用已掌握的技术，搭建极具包容性的平台，前端链接多类融资主体，后方链接多级资金平台，进而实现资源跨界整合，供应链金融跨行业发展。

（三）垂直化趋势明显，应用范围广泛

伴随着推动实体经济供应链条与金融业融合的主体类型增多，这种产业融合也随之深入，使得整个供应链金融领域发展呈现出垂直化特点，这种发展趋势反过来会进一步加深实体产业与金融业的融合。从整体看，我国供应链金融业务虽分布范围广泛，涉及拥有应收账款净额较高的各类行业，如汽车、化工、钢铁、电力设备、物流等，但也逐渐呈现出根据不同的行业特征细分程度高的特点。因为，不同行业的发展各具特色，产业周期、营利模式、融资需求也不尽相同，比如钢铁行业对于融资的数量很大，但资金安全性却很有保障；服装行业库存多，亟须提高库存的流动性，但在安全性上表现较差。塑料行业市场活跃，产业链下游企业多为小微企业，这些企业靠薄利多销来获利，资金需求大。由此可看出，供应链金融要想在不同行业领域提供优质金融服务，金融产品就必须去迎合各类产业的个性，做到垂直化发展。而实际上纵观供应链金融的发展，垂直化趋势也确实愈发明显，各类主体利用自身优势，设计出科学、合理及灵活性兼备的融资产品，来提升实力占领市场份额。

（四）供应链金融与金融科技耦合发展

近年来在金融科技领域呈现出百花齐放的繁荣景象，这些智能科技的发展使我国供应链领域焕发出勃勃生机。一方面新兴技术与传统金融机构的碰撞与交织，开发出"互联网＋供应链"的新模式，让金融机构与产业链深度融合，激发各类产业主体对供应链融资的需求；另一方面各大电商巨头、互联网企业也争先恐后地进入供应链金融领域，以自身业务为基础结合金融科技进行融资模式创新，在此基础上与传统机构展开竞争，催生了三种模式。

1. 利用大数据开发"N+N"网络状供应链模式

这种模式通过对现有贸易数据进行深度分析挖掘，找到位于不同产业链条

上企业间的关系节点，从而实现将多条供应链关系绘制在一个立体网络图内。这种模式可通过多维数据耦合一个融资主体的相关信息，进而生成融资主体立体画像。另外，也可运用多维数据对客户进行甄选，逐渐脱离对链条主导企业的依靠。

2. 利用区块链形成多层级供应链融资

利用具有去中心化特点的区块链能够实现交易数据不可改、交易关系可追溯、交易监管能穿透的效果。单个产业链条的核心企业实力还是有限，利用区块链研发以主导企业应收账款作为标的债券凭证，扩大单一产业链条债权债务的流动范围，实现跨链条协作共同缓解资金难题。

3. 利用物联网对质押模式下的大宗商品进行检测

金融机构利用物联网所拥有的电子标签技术能够实现对充当质押物的大宗商品的远程监控，随时随地能查看质押物的位置、形态，在质押期间一旦发现质押品有位移及形态变化，系统会自动报警保证质物安全。

第三节 供应链金融行业存在的问题

一、推行中的不足

我国供应链金融最初的形成是在深圳的发展银行。1999 年深圳发展银行一些分行在开展业务的时候进行了适当地研究和探索，先试行开展了动产及货权质押授信业务，2006 年正式在国内推出了供应链金融品牌。民生银行为了发展供应链金融，以行业为分类标准，成立了专业化的事业部，打破区域限制，系统推动供应链金融的发展。供应链金融呈现出迅猛发展的势头，成为银行有效拓展资产业务、破解了中小型企业融资困难的重要途径。

2011 年以来，随着后金融危机时代的到来，实体企业特别是中小民营企业的经营状况每况愈下，加上部分银行盲目发展，疏于管理，与供应链金融有关的贷款逾期、老板跑路等现象时有发生，一些行已形成了系统性风险，不得不收紧供应链金融业务，有的银行停止了供应链金融业务，供应链金融的发展陷入了风声鹤唳、风雨飘摇的困局之中。

（一）管理不成熟

供应链管理已基本成熟，且管理范围也由企业内部扩展至企业外部、由企业内部信息扩展至供应链链条上各企业实现信息共享和协作。但竞争激烈，链条上各企业合作关系紧密，关注点也由在产业链的利益分配转为扩大可供分配的利益。各金融机构所推行的供应链金融主要在国内，对其中的国际贸易融资的整合能力不足，在经济全球化的今天，已严重阻碍供应链金融的推行。

（二）技术薄弱

在国内由于电子商务技术、金融信息技术、平台建设、大数据等发展相对滞后，导致供应链金融技术薄弱，严重影响了供应链金融的效率，同时人工操作难免会出现失误或者操作不当，增加了操作风险。

（三）风险控制体系不完善

供应链金融风险已成为严重制约其发展速度和规模的要素，尤其是金融控制体系的不完善。在我国大多数金融机构并未设有专门的信用评估体系和专业化的操作平台，没有专门数据收集、分析体系，对核心企业的管理不规范、无法有效监控物流企业等，这些都为供应链金融发展埋下了安全隐患。

二、发展中的不足

（一）产品服务模式单一

在我国供应链金融产品和服务主要是商业银行结构性贸易融资业务模式，以及商业银行和第三方物流企业合作的供应链融资模式，而大型企业主导、P2P 主导、小贷公司主导等供应链金融模式发展较慢。

（二）核心企业对上下游企业缺乏驾驭能力

供应链是以核心企业为基础、以贸易为纽带、由上下游相关企业共同组成的产业链条。在这个链条中，核心企业是这个链条的灵魂。作为需求方，核心企业为上游企业提供市场，吸引各路供应商；作为供应方，核心企业为下游企业提供产品，吸引各路采购商。在目前行业管理十分脆弱的商业环境下，核心企业只有盈利机会这个唯一因素维系着以自己为龙头建立起来的供应链，链条结构十分脆弱。一旦核心企业自身经营出现一些问题，或者某个（某些）上下游出现一些小的问题，核心企业就有可能失去对上下游企业的掌控，产业链就会迅速坍塌，物流和资金流就会在某个环节停滞下来，供应链金融所提供的信贷资金难以顺利到达自我偿还的最终环节。

（三）供应链中的组成参差不齐

1. 组成成员

组成供应链的各个成员企业，他们在资信条件、经营理念、诚信程度、经营实力等诸多方面存在巨大差异，促使他们成为链条成员的决定性因素是利益——在链条中赚钱。在利益机制驱动下，链条成员更多考虑短期利益、自身利益，不会去考虑长远利益和链条的整体利益。因此，链条成员很难在经营过程中达成真正的共识，做到荣辱与共，共同进退。

2. 银行自身缺陷

（1）信贷组织体系与供应链金融要求错位

我国商业银行实行的分支行体制，由支行、分行、总行组成金字塔形的组织架构。由于受传统行政体制的影响，分支行机构基本上是按行政区域设置的。大多数银行规定，区域之间的分支机构，其业务不能交叉进行。而供应链金融是以某一类商品交易为纽带建立起来的，上下游企业之间根本就没有区域限制，一个供应链总是横跨了多个行政区域。按照提供系统金融服务的要求，供应链金融需要由某个承办的银行机构统一进行授信管理，并对关联的相关机构统一进行协调。由于不同区域的分支机构都是独立进行规模和业绩考核的，并且有可能由不同的上级行进行考核。因此，要把不同区域的分支机构都协调到一个主办机构之下是一件非常困难的事。

（2）信用评价与授信管理与供应链金融要求不匹配

传统的贷款业务，是以单一企业为对象进行信用评价和授信的，银行从企业资信评价授信、担保方式等方面都有一整套系统的管理方法，很多银行都有相关的计算机评价管理系统。而供应链金融是以整个链条为对象的，其核心是："封闭运行、钱随物走、债随钱结"，要求系统授信、综合管理、高效运行。这与传统信贷业务是有本质区别的，需要有创新的思维，敢冒风险的精神。而在现有商业银行组织架构和考核体系下，没有银行高级管理人员愿意去冒这种风险。

（3）银行缺乏供应链金融专业人才

供应链金融以链条整体为服务对象，涉及企业成员多，金融产品多，交易环节多，区域范围广，系统性风险大。能否有效防范金融风险，主要取决于银行专业人员对整个供应链涉及产业的深刻理解和对供应链运行的系统掌握。而银行是缺乏这方面专业人才的。没有行业专业人才，就容易对产业的前景与风险在理解深度上产生差异，做出不同的判断，也难以提出有效的创新措施，突破原有贷款的管理思想。

（四）创新能力不足

创新能力不足主要体现在供应链金融产品上。国内的供应链金融产品则以应收账款融资、保兑仓融资、仓单质押为主。另外，由于利率并非市场化，供应链金融所获得的收益与传统银行的盈利水平相比还是稍逊一筹，金融机构创新动力不足。

三、社会环境缺陷

（一）法律规范

供应链金融是以物的价值作为贷款风险保障的，涉及交易物品的物权问题。当前，我国法律在动产担保物权的保护方面还存在很多亟待完善之处，不同区域的司法部门对此理解也存在很大差异。加上行政部门干预，司法部门容易受到地方保护主义的影响，对供应链各环节的物权确认产生分歧，这对银行授信的安全会造成不利影响。并且，司法部门处理经济纠纷程序复杂、周期长、效率低，也会给供应链金融业务的实际操作造成很大阻碍。

（二）同业无序竞争

在金融产业领域，金融服务产品具有很强的同质性，非常容易被同业所模仿。在同一供应链中，银行除了需要克服本行跨区域问题需要协调外，还要解决同业的竞争问题，但这又是一个非常困难的问题。市场竞争的现实是，银行总是喜欢当锦上添花的使者。当一个行业、一个企业经营很好的时候，很多银行都会插上一脚，而一旦出现一些不好的苗头的时候，大家都想釜底抽薪。一旦某个供应链被其他银行多头授信，供应链的所有平衡都会被打破，主办银行就会失去对整个链条的控制，容易产生金融风险。

（三）中介服务

产业链金融涉及仓储、物流、监管、评估、法律事务等诸多方面，需要中介提供完善的服务体系。但目前，这些服务行业都是各自为战，还没有演化出一个能够为供应链金融提供系统化社会服务的专业服务机构。

四、信用管理问题

以人民银行为主体建设的社会信用体系正在逐步形成，企业法人和公民个人的信用记录不断完善。但这些记录仅仅限于法人和个人发生在银行系统的信用行为。与信用有关的贸易、消费、结算、支付、社交、资产买卖、公民道德和法律行为记录等诸多方面的信息都是分散的，没有形成统一的网络，不能共同分享。因此，对法人和公民的信用评价体系是单维度的，因此，评价的结果往往是不全面的。在这种信用体系下，一个主办的银行要全面了解和掌握供应链中诸多成员的准确信用情况是一件非常困难的事。

第四节　互联网供应链金融的实质分析

一、互联网供应链金融的网络结构

从供应链金融的网络结构上看，供应链金融呈现完全不同的结构状态。

在以商业银行为主体的供应链金融中，产业供应链的参与各方与银行之间是一种资金的借贷关系，与传统借贷相比，结构方式发生了改变，也就是说，传统借贷是点对点的关系（银行与借款人之间的关系），而此时则是点对线的关系（银行与供应链参与各方之间的关系）。但是作为金融服务的主体——银行，并没有真正参与供应链运营的全过程，只是依托供应链中的某个主体信用，延伸金融服务。

以金融服务为主体的供应链金融中，供应链金融服务的提供者逐渐从单一的商业银行转向供应链中各个参与者，供应链中的生产企业、流通企业、第三方或第四方物流、其他金融机构都可能成为供应链金融服务的提供方，因此，在从事供应链金融业务的过程中，出现了生态主体的分工。此时，作为供应链金融主体的焦点企业处于供应链结构洞的位置，供应链其他各参与主体与焦点企业之间形成了序列依存关系，因此，其在网络中具有很好的信息资源，处于优势的结构洞。

互联网供应链金融阶段，焦点企业不仅仅是供应链运营的组织者，更成为智慧供应链平台的建构者，焦点企业更是网络链的平台建设者、管理者和规则制定者。焦点企业与其他组织和企业之间的关系是相互依存的。

二、互联网供应链金融的流程管理

互联网供应链金融阶段，由于其网络结构呈现出平台化、高度关联化的特征，因而管理流程呈现出既高度复杂又互动化的特征。具体讲，这一阶段的流程管理需要管理好横向价值链流程、纵向价值链流程以及斜向价值链流程。横向价值链是所有在一组相互平行的纵向价值链上处于同等地位的企业间的内在有机联系，横向价值链如果能够有机集聚，就会形成良好的同产业内部分工，形成有序集群。纵向价值链可以将企业、供应商和顾客都分别视作一个整体，它们之间通过上述的各种联系构成一种链条关系，这种链条关系可以向上延伸至最初原材料的最初生产者（或供应者），也可以向下延伸到达最终产品的最终用户。纵向价值链强化了上下游之间的协同和互动。斜向价值链跨越了单一行业，不仅同行业内部、上下游之间形成有机结合，而且与其他行业之间形成有机整合，真正实现了生物圈。斜向价值链是商流、物流、信息流和资金流在多行业之间的完全整合。

三、互联网供应链金融的要素和信息流

互联网供应链金融阶段，不仅仅要求整个网络有清晰的交易结构和交易关系，而且在信息流的维度上实现了高度的融合。一方面信息的来源呈现出了高度的复杂性，即信息不仅来自人与人的互联（如交易），也来自人与物的互联以及物与物的互联；另一方面信息的形态极大地复杂化，在这一阶段，金融业务风险控制的信息不仅仅是供应链运营这种结构化的信息，而且也包括沟通、交流等非结构性的信息，通过这种复杂综合性的信息来刻画供应链网络的状态和活动。

第二章　供应链金融的思维解析

　　供应链金融的大数据思维和投行思维开启了一次重大的时代转型，是新的一种思维观，人们的思维转向"数据"功能，改变了电子商务模式，可以更加精准地把握用户的需求，更加全面地评估用户，制定更加适合企业需求的金融产品与服务，从而能够高效配置资源，对企业的未来长期价值进行投资。本章分为供应链金融的大数据思维、供应链金融的投行思维两个部分。主要包括：大数据与供应链金融，大数据助推客户授信，大数据对供应链金融的影响，供应链金融市场容量，供应链金融资产证券化概述及供应链金融投行思维的案例分析等内容。

第一节　供应链金融的大数据思维

一、大数据与供应链金融

　　随着各种社会活动产出的数据量越来越庞大，数据类型也越来越多样，大数据逐渐成为近几年的热点。虽然四流合一（商流、物流、资金流及信息流）能够为供应链金融结合网络的情境下提供有效的信息支撑并实现有效积累。但大数据比互联网与供应链金融的结合优点在于可以判断中小企业的融资环境与基本信用情况，从而可以使整个供应链金融链条将更多的中小企业囊括其中。

　　过去几年电子商务的快速发展为供应链金融提供了庞大的数据支撑。在对个人等客户的交易方面，由于计算机硬件技术不断发展及移动互联网的出现，庞大的交易数据得以出现并保存。在企业交易方面，企业的资源计划系统不断升级改造，也使各大企业之间的交易信息得以沉淀，但其作用仅限于查询，并未得到有效发挥。大数据时代的到来，使个人与个人 C2C、企业与个人 B2C 及企业之间 B2B 的交易信息的价值得到重视。这些信息和数据作为核心资产为企业在分析客户需求、进行风险控制和资金管理等方面都起到了至关重要的作用。

由于在以往物流运输等环节存在虚假披露、虚假上报、监管不严等问题，物流环节一直都是限制供应链金融发展的重大问题之一。但是物联网技术的出现，可以通过技术手段实现在物流运输阶段实现传感器系统、监管系统的数字化，从而减少信息不对称中的道德风险问题。将人工操作转变为技术操作及自行监督，可以很大程度上避免虚假披露、虚假上报、监管不严等问题，从而更好地实现整个链条中的风险控制。从资金需求方的角度出发，物联网的出现减少了交易中的信用问题，提高了其本身的信用等级从而降低了融资成本。

二、大数据助推客户授信

（一）大数据能够降低道德风险

在以往的交易中，中小微企业由于其整体实力偏弱，过度依赖其他企业、财务数据不透明等问题的存在导致其信用等级较低，银行等金融机构一般会减少对其贷款数额。

在供应链金融业务中，具有较强实力的核心企业优势得以凸显。一般而言，核心企业在整个供应链金融中是最重要的参与方，核心企业对产业链中的上下游企业具有非常强话语权，也是整个供应链系统的管理者。因此可以将核心企业在真实交易的基础上，将其信用水平进行传递，提高供应链中其他中小参与方的信用水平，降低其融资成本与道德风险。

在互联网与供应链金融结合的时代，供应链上的中小企业信用信息及交易信息可以通过计算机记录下来，从而对这些资金流动信息进行对比分析可以判断出这些中小企业的还款能力、信用等级等等。这些措施主要包括以下方面。

第一，通过分析参与方中的中小企业运行情况（包括财务报表、交易金额与频率等信息进行分析），判断其在整个供应链金融链条中所处的地位（例如，若某企业与核心企业交易频繁且交易金额相对其他参与方较大，则可以判断其运行情况较好，资信情况也较好）。

第二，通过分析交易中产生的四流（交易流、信息流、物流和资金流）进行整体分析，推断出现在及将来整个交易的运行情况及潜在的风险。

第三，银行等资金提供者可以通过互联网对其贷款用途进行追踪，例如当某中小企业将过大比例资金投资于股市、房地产等，可判断其属于风险偏好型，则银行应该提高对这类企业的警惕，着重监督此类企业资金运行情况。

因此，通过对供应链金融中的中小参与方进行企业自身信息分析、与核心企业交易信息分析相比之前只通过调研或财务报表进行分析的方法，不仅提高了识别其信用水平的准确度，还能够提高审核及监督效率。

（二）大数据提高了信用评级的准确度

与传统的资信评级相比，供应链金融的评级体系能够在综合考虑包括核心企业、中小企业等其他参与方，而非传统的仅依靠单个参与方进行评级。供应链金融的评级体系将交易主体和债项的资信评级结合在一起。而且在大数据时代，大型的电商如天猫、淘宝、阿里巴巴等交易平台将交易信息进行记录，可以对这些数据继续分析处理，能够更高效更准确判断其融资能力。

供应链金融和互联网的结合能够通过对交易中产生的每项数据进行分析，并通过从行业、整个供应链和企业自身分析等多个角度对参与方进行整体评估，之后与设立的门槛进行比对判断是否符合准入要求，从而实现整个评估流程的线上运行。其中主要从以下角度进行分析：行业角度，行业分析主要从发展现状、政策支持环境、宏观环境等角度；供应链分析，主要从整个产业中上下游企业之间的协作程度，整个供应链在相关市场中的地位；企业自身分析，通过对企业财务指标（包括偿债能力、盈利能力及营运能力等）进行分析；在运用信息技术的手段基础上，银行等机构可以建立信息化的资信评级模型，将供应链中的中小企业等参与方的相关信息作为参数输入，可以导出相关资信评级的分析结果，从而实现从传统评级模式转向信息化的评级模式。

（三）大数据实现风险动态管理

在供应链金融运行中，贷款为核心要素，实现对贷款流程全面、高效的监督是保证整个供应链金融平稳运行的关键环节。贷款的整个流程包括贷款前的资信评级阶段避免逆向选择问题、贷款放款的阶段以及贷款后的监督阶段避免道德风险问题。

在贷款前的资信评级阶段，银行等金融机构一般会通过审核资金需求者的财务指标（包括短期偿债、长期偿债能力、营运能力及盈利能力），为其进行划分等级，不同信用等级有不同的贷款额度。除了企业自身因素外，行业因素、政策因素以及宏观经济因素等也是影响其信用等级的因素。

在放款的阶段，银行等金融机构会根据企业真实发生的交易凭据（例如订单、应收应付账款等）进行识别，实现放款过程并实施监督。

在贷款后的监督管理阶段，通过跟踪其资金走向并运用技术手段追踪企业经营情况，从而判断其还款能力并实时跟踪影响其还款能力的因素，将贷款分类为正常、关注、次级、可疑和损失五个方面，从而有效地控制风险。

大数据具有数据种类较多、数据量较大、数据增长速度较快等特点，运用大数据可以及时、全面的运用真实数据找出各种变量参数之间的联系，因此大数据技术在这三个环节中的运用可以实现对整个链条的实时监控，实现及时动态调整风险控制模型，最大程度上降低贷款风险。

大数据在上述三个环节中发挥的作用主要为以下几个方面。

一是在整个供应链金融的环节中，往往是一个小的环节出问题导致整个链条无法正常运行，如应收应付类账款、预付类账款与税务系统之间的连接、验证发票的真伪等，而大数据可以针对其中每个小环节进行风险监控，从源头降低风险。

二是进行环节的拓展，通过测试每个环节之间的信息真实性。通常环节越多，风险越容易被发现，作弊成本也就越高。因此大数据也可以从每个环节之间的联系进行监控。

三是通过全网搜集相关产品信息（包括价格信息、交易量信息等），可以提前对相关风险进行防范。

四是供应链金融的发展与行业发展密不可分，通过对行业行情和政策取向的判断可以反向对供应链金融进行分析，提高对供应链金融的风险控制能力。

三、大数据对供应链金融的影响

（一）积极影响

1. 促使线上供应链金融的诞生

在互联网高速发展的今天，在受到大数据的冲击下，供应链金融内部提出了线上供应链金融业务，该业务使得供应链金融不再局限于线下，大大增加了操作的便利性和快捷性。

2. 促使交易平台更加专业化和垂直化

在大数据的背景下，供应链金融可以根据在供应链上的数据了解情况，有针对性的制作出符合贷款企业自身的一个融资方法或金融产品。利用大数据可以对供应链上的企业所属于的行业有着准确的了解，对行业所需要的服务做出准确的判断，这就使得其能垂直细分供应链上的企业需要具体哪个方面的金融需求。换言之即供应链金融能够朝着垂直化和专业化的程度发展。

3. 大数据促使信息更加透明、公开

没有大数据作为支持，很难全面了解企业的实际情况，进而不能判断出企业的实际需求，同时在授信时也同样存在一定的风险。所以说大数据时代，使得供应链金融的系统与企业的管理系统、物流公司的监控系统进行了对接，企业的信息也就变得更加透明、公开。

（二）消极影响

1. 第三方支付入侵商业银行供应链金融

大数据时代，第三方支付的与客户之间的关系更为紧密，能够很好地掌握交易数据，特别是对终端企业进行交易时的一些数据分析，在现阶段来说，第三方支付发展迅速，更多的中小企业顺应时代的发展选择了第三方支付，第三方支付的出现，可以说是给供应链金融业务带来很大的压力。

2. 电商平台入侵商业银行供应链金融业务

在大数据的时代背景下，电商平台给商业银行的供应链金融业务带来了冲击，电商平台拥有着特别多的客户资源，其可以随时掌握供应链上企业的交易，进行更快的发放贷款。例如京东、淘宝、苏宁这些电商平台都成立了小贷公司，这些平台能够不依靠银行，从而使得资金的周期缩短，提高了资金的使用效率，就目前来看，成为商业银行一个特别强大的竞争对手。

四、大数据时代供应链金融的发展

（一）加快供应链金融业务产品创新

当下，要让自己的供应链金融业务继续占领一定的市场位置，就要跟第三方或者电商平台合作，进而也能更为准确的了解企业的基本情况和需求，同时需要在这样的机会中，不断地创新自己的产品，从客户的基本需求出发，通过了解的相对准确的客户资料，从而给企业带来合理的规划，进而创造出有针对性、创新性的供应链金融产品，这样一来，会大大增加本银行在商业银行内的市场，也不会因为通过降低价格而减少收益，反而，因为产品创新性强、符合企业的基本情况需求而带来更多的收益。

（二）增加大数据安全管理

大数据的时代让供应链金融更容易获得多元化的数据，使数据有一定的积

累，另一方面，大数据也使得供应链金融中要增加对客户隐私保护的力度，防止不法分子盗取客户隐私。要重视大数据的安全管理，并且将他也纳入风险管理部门，从而加大对大数据安全管理的力度和监督，依靠机构的力量，使大数据安全管理的能力增强。此外，还应该通过宣传、做活动等形式向群众宣传大数据安全常识，这样也有利于群众对自己信息的安全提高警惕，提高客户的安全意识，从供应链金融到群众共同维护大数据的安全。

（三）加强供应链金融平台技术人才的培育

大数据使得供应链金融业务进行了转型创新，与此同时也对该业务的职员有了更新更高的要求，供应链金融中应该寻找一些学习能力强，并且在具备银行基本业务能力的前提下，还应该熟练地掌握供应链金融各环节的基本知识，并且具有一定的分析能力和能充分了解各个行业基本情况的技术人才。同时，还要不断地培养已有职员的学习、创新能力，并且要求职员不断学习新知识。优秀的职员会降低供应链金融业务的风险，而且也需要设立专门的供应链金融的风险保障机构，从而加强信用风险的管理。大数据时代为供应链金融服务的供给者带来了机遇，但同时也提出了挑战。为了应对这种挑战，供应链金融中的主体要不断提高处理能力，不断创新，不断改进。

第二节　供应链金融的投行思维

一、供应链金融市场容量

供应链金融市场中的创造供给的核心企业或平台企业适应了中小企业融资困难的融资需求，企业与企业之间的竞争是供应链与供应链之间的竞争，因此，尽管单条供应链情形下保理机构与供应链成员企业的融资与赊销策略的研究能够为交易各方在不同情景下的决策提供一定依据，但从理论上看却是不全面的，有必要对供应链金融市场竞争中的保理融资进行探索。

供应链中成员之间的水平竞争与垂直竞争。由于多条供应链共同分割目标市场，一条供应链上的零售商如果降低零售价格通常将获得高于竞争对手的市场份额、如果提高产出水平则通常会拉低整个市场的零售价格，因此，不同供应链上零售商之间的水平竞争直接影响各条链上企业的收益情况。同时，每条供应链的内部供应商通过赊销批发价格影响零售商订货策略的行为本质上是二者之间的垂直竞争，这种竞争关系决定了供应链的收益在双方之间的分配格局。

进一步，垂直关联又将零售商之间的水平竞争传导至供应商之间的水平竞争。综上，供应链金融中的投行思维就会进行优化问题处理，将上述竞争关系统一到一个分析框架下。

供应链企业的保理融资为了在竞争中获得比较优势，供应链企业需要将对手的应对措施作为约束条件来确定最优赊销策略。然而，当供应商存在资金约束时可能无力支付最优赊销量对应的生产成本，从而需要通过保理融通生产资金。此时，保理融资与赊销策略将同时作为供应链上企业与对手竞争的手段和工具，只有两类策略互相协调才能够保证联合策略的最佳效果。

引入保理融资的积极效应与消极效应。保理融资能够解决供应商的资金约束问题，使得供应商的赊销生产能力达到较高的水平，从而有助于提高供应链的竞争优势。然而，保理商要求的融资费用需要从供应链的总收益中扣除，故供应链的融资决策需要权衡保理带来的额外收益及产生的相关成本。

这样供应链金融中的保理需求业务量不断增长，不仅满足了企业的需求，企业的应收账款规模也达到了一定规模。融资租赁业务也取得了长足稳固的发展，除了传统的供应链金融主体银行参与之外，越来越多的供应链金融参与者也为供应链金融融资租赁业务注入了新的活力。相对于传统的金融机构，供应链金融融资更能有效把控中小企业的融资风险，激发中小企业释放出更大的融资需求。

供应链金融的投行思维还能盘活动产融资，中小企业的供应链金融模式中的流动资产都可以作为融资中的抵押物，充分体现出供应链金融中的动产融资服务的优势。

二、供应链金融资产证券化

（一）供应链金融资产证券化概述

资产证券化可以有效地降低风险并且能将流动性较低的资产成功变现，而供应链金融中核心企业的加入更是将风险降至最低，同时还能在一定程度上帮助供应链上下游企业解决融资难的问题，使整个供应链更加的稳定，有利于促进整个产业的发展进步。当前，金融市场存在的供应链金融资产证券化产品主要从发行主体和基础资产类型进行区分：从发行主体方面，可以划分为互联网公司和传统行业核心企业；从基础资产类型可以划分为保理和小额贷款。国内几家大型电商平台充分结合互联网金融和供应链金融的优势，率先推出供应链金融证券化，但其基础资产多为小额贷款，其应用模式不适宜推广到实体经济。

通过供应链金融证券化这一创新举措，传统行业核心企业不仅可以拓宽中小企业的融资渠道，解决融资困境，还可以带动所处供应链的发展。作为一个相对闭环的关系，供应链中的企业可以以稳固的交易关系为基础，依托贸易自偿性这一原则，供应商运用资产证券化提前收回应收账款，而不需要考虑信用等级的差异同时，核心企业能够以其信用为供应商降低融资成本，促进供应链的稳步前进，而不需要影响企业自身利益。不难发现，供应链金融资产证券化的影响是正面而深远的，因此，研究其产品设计以及风险控制是具有必要性的，可以有效地探讨这一操作模式，在完善国内供应链金融资产证券化理论的同时，为之后的供应链金融资产证券化的实践操作提供些许借鉴。

（二）房地产供应链金融资产证券化运作分析

1. 基本类型

从广义上来讲，以房地产企业为核心的供应链金融融资模式分为两种：一种是，由于房地产的上游供应商向核心房地产企业销售货品、承包工程、提供服务等而形成的拥有对核心房地产企业的应收账款债权融资模式；另一种是，由于房地产企业的下游客户购买房产而形成的应收账款债权融资模式。但从狭义上来讲，房地产企业供应链金融资产证券化一般是指前者，在资产证券化领域后者一般以购房尾款资产证券化的形式出现。

2. 基本特点

（1）房地产企业降低信用风险

不同于消费金融资产证券化最大的一点就是，供应链金融资产证券化的基础资产债务人一般是在同一产业链闭环中，与房地产企业有业务往来的企业。而正因为处于同一供应链中，其风险控制措施较强。同时可以通过大数据技术对收集数据进行分析，达到动态监控债务企业的目的，能够大幅度降低供应链金融资产证券化产品的风险。因此，对于传统供应链链条而言，房地产企业的加入使得整个供应链的信用大幅提升，其无论是作为共有债务人或是担保人都可以提高供应链金融资产证券化的信用质量，有效降低信用风险。

（2）储架发行的设计

保理商作为供应链金融资产证券化的发起机构，是长期提供专业资产服务的管理机构，其经营能力与风控能力均高于其他金融机构，再加上基础资产的同质性较高、资产储备充足，因此实行储架发行的设计和实行可以大大提高企业融资的规模和效率。而通过对现今的市场调查，不难发现供应链金融资产证券化产品大部分都采用的是储架发行。

（3）循环购买设计和红黑池结构设计

基础资产期限短、提前偿还率高都是供应链金融资产证券化的特点，但无论是债权人还是发行人或者投资者都倾向于长期的投融资产品，因为长期的融资可以缓解债权人及债务人的资金压力，投资者也可以获得更高的收益率。循环购买交易结构的设计，可以有效解决供应链金融资产证券化资产期限与负债期限不匹配问题。

资产支持专项计划从成立到上报审核再到公开发行需要一定的时间，名义上红黑池是不同的基础资产池，但实际上两个资产池的筛选方法和入池标准是完全一样的，这样就确保红黑两个资产池的基本特征始终保持一致。

房地产企业往往在整个供应链链条中处于核心地位，上游供应商拥有的应收账款债权通常时间较长，供应商所面临的资金压力很大，同时这类企业的规模一般比较小，企业自身的信用等级较低，很难通过资产抵押或银行贷款等常规融资方式获得资金支持。因此，在供应链中常常会引入商业保理机制，即在企业和供应商中增加一个保理商，该保理商是由企业推荐。而采取供应链金融资产证券化这一措施，可以使供应商在原合同约定付款的日期前，将应收账款按照一定的价格转让给第三方资产服务机构，在获得相应的资金的同时使流动性较差的应收账款变现为流动性最高的货币资金，将大量流动性差的资产盘活，大幅降低资金占用成本。对房地产企业而言，通过这种方式延长付款账期，缓解资产流动性造成的资金链紧张的压力。

3. 房地产供应链金融资产证券化的评价

（1）对于房地产企业的影响

房地产企业供应链金融资产证券化在政策支持、限制小、融资成本低、投资门槛要求低等方面与其他传统企业融资模式相比都有不可忽视的优点，具体如表 2-1 所示。

表 2-1　房地产供应链融资资产证券化的优势

优势	具体表现
政策支持力度大	2016 年 2 月 16 日，央行等八部门联合发布的《关于金融支持工业稳增长调结构增效益的若干意见》，就明确指出应当加快推进应收账款证券化等企业资产证券化业务发展，同时推动企业的融资机制创新。目前碧桂园等大型房企已经领先试水，成了第一批"吃螃蟹"的房企

优势	具体表现
盘活存量资产	不受地域和项目公司限制，可以把房地产公司各地的供应对地产公司的应收账款债权及其附属担保权益打包转让，释放银行对公司的授信额度
降低融资成本	该种类型的融资更关注基础资产质量。在基础资产质量较好的情况下，通过基础资产与企业的风险隔离，可获得更高的信用评级，比单纯通过企业主体信用融资成本更低
融资人要求低	上市公司／非上市公司；国有／民营；企业／事业单位均可，没有强制性的财务指标门槛

（2）对于上游供应商等中小企业的影响

无论从供应链金融资产证券化的运作模式还是风险方面来看，在房地产企业供应链金融资产证券化的融资模式下，最大的受益者不是房地产企业，而是在供应链上的中小企业，借助房地产企业的高等级信用获取大量低成本资金，缓解了中小企业融资难的问题。

以房地产企业为核心向上下游企业的反向延伸，将上下游企业对房地产企业的应收账款债权打包成基础资产就形成了如今的供应链金融资产证券化融资新模式。这种融资模式既解决了供应链上下游企业的融资困境，同时对于核心企业而言，实现了对应付账款和现金流的有效管理，延长了应付账款期限，减小了销售回款期限长而造成的资金链压力。随着供应链金融与资产证券化的融合，供应链上各方的融资成本大幅降低，促进了房地产行业产业链的良性发展。

若想要将金融体系资金流向引导至实体经济，可以大力推进支持供应链金融的创新与应用，以供应链金融资产证券化为载体，将资金流向有效锁定在实体经济行业的上下游企业，防止资金泡沫。为降低整体融资成本，供应链资产证券化产品多采用在证券交易所公开发行的方式进行转让交易，因此这种产品能符合当前的监管要求，国家可以在政策方面多给予支持和鼓励，并适当在汽车、家电医疗、房地产等基础较好的实体经济行业进行推广。

4.房地产企业供应链金融资产证券化发展策略

（1）交易结构设计

使用循环购买设计和红黑池结构设计。基础资产期限短、提前偿还率高都是供应链金融资产证券化的特点，但无论是债权人还是发行人或者投资者人都倾向于长期的投融资产品，因为长期的融资可以缓解债权人及债务人的资金压力，投资者也可以获得更高的收益率。循环购买交易结构的设计，可以有效解决供应链金融资产证券化资产期限与负债期限不匹配问题。

（2）基础资产池管理

在房地产行业中，应收账款的直接债务人的行业集中度不低，而且经济周期波动的影响较大，所以计划管理人对于债务人的偿债能力需要重点分析，谨慎判断，对于基础资产池的分散度要有一定控制，尽可能减少基础资产的集中度。

计划管理人对于每一笔专项计划拟购入作为基础资产的应收账款债权，都需进行严格的审核，确保其符合规定的入池标准。计划管理人可以对原始权益人进行授权委托，委托原始权益人对其从债权人处受让的应收账款债权进行资产筛选，在专项计划设立前随机抽检一部分拟入池应收账款债权的基础资产文件进行核查，并在存续期，不定期抽查。

（3）供应链相关企业风险控制

计划管理人、原始权益人、债权人、直接债务人、共同债务人以及监管银行各方可以通过签订《服务协议》《付款确认书》《基础资产买卖协议》《保理合同》《监管协议》等具有法律效力受合法保护的文件将资产支持专项计划中的各风险因素降到最低。

同时可以基于大数据技术，建立风控模型，全面对涉及的所有供应链数据进行充分筛选控制，加强对债务企业的动态监控能力，时刻注意债务企业的各偿债能力指标，从而降低供应链金融资产证券化产品的风险。对房地产企业而言，交易结构设计中强大的房地产企业作为共有债务人或对债务进行担保可以大幅提高供应链金融资产证券化的信用等级。

（4）加快完善全国统一的征信系统

健全全国统一的征信系统是完善促进我国金融市场发展的必要条件，随着我国金融市场参与主体的不断开放和丰富，融资模式也日益多样化，应当将更多的信息和企业纳入征信系统中，如P2P等网贷平台所代表的互联网金融领域。信息收集与公开披露不应仅局限于上市公司，同时也要加强对中小企业、互联网金融等领域的信息收集和经营状况披露的监管。要加强国家对全国征信系统的重视程度和资金投入力度，人民银行、证监会、银保监会、工信部、工商部等部门联合建立合作，为供应链金融资产证券化的发展给予更好的数据支撑。政府应当继续完善健全全国征信系统的基础设施，切实为金融市场中的融资者和投资者提供更多便利，以促进我国金融市场和经济水平的发展。

（5）加强对供应链金融资产证券化的政策及法律支持

一方面，政府要更加重视对供应链金融的支持，明确供应链金融对其所在企业、行业以及全国经济发展的重要意义，出台更多政策给予支持，引导各政府部门相互协助促进供应链金融的持续健康发展。

另一方面，政府要完善并出台相关的法律法规或政策，用以规范供应链金融资产证券化计划成立到发行的经营行为，配合强有力的行政手段和法律手段，为供应链金融资产证券化的发展建立起一个更加积极健康的环境。

供应链金融资产证券化的实施涉及债权人、债务人、原始权益人、计划管理人、评级机构、财务顾问、监管银行、法律顾问、投资者等多个参与方，计划结构复杂，目前并没有相关法律对每个参与方涉及部分进行权利与义务的规范，因此有利用法律缺失侵犯他人权利并获取巨额利益的可能，所以更要加快相关法律的起草和制定实施。大力发展供应链以及资产证券化的创新与应用，一方面可以锁定供应链上下游，引导资金流向实体经济；另一方面可以降低这类企业的经营和交易成本，助推供给侧结构性改革，提升我国新兴经济全球竞争力。

三、案例分析——招行智慧供应链金融4.0

（一）招行智慧供应链金融4.0简述

4.0模式不仅在原有的供应链金融思维里加入了互联网思想，而且运用了投行的思维，实现了投商行一体化。投行思维本就是对资源的最优配置，基于企业未来现金流价值进行投资，供应链金融创新了金融业务的模式，重新整合了产业资源。4.0模式是以一系列的金融科技技术为基础，比如人脸识别、大数据、活体检测、区块链等，目的是服务核心企业，而提供的供应链管理的产融合作平台。招商银行致力于更好地为供应链金融赋能，集"融资、融智、融器"为一体。所谓融智，是招行针对于供应链企业的需求，设计相应的业务模式，包括交易结构和控制风险等；融器利用的是招行多年来对金融科技的应用经验，无论是在人脸识别和电子的签名盖章，和打造开放式的互联网账户，通过金融科技完成"融智"；融资即是招商银行发挥银行的本职，帮助企业融资，或者对接资本市场，比如外部的ABS资金以及为其打造以资产基础的理财产品等。

供应链金融4.0是招行在产业金融大时代下推出的高阶模式，通过在线系统帮助企业建立自己的业务模式，对上链接产业生态圈，对下对接金融生态圈。在线平台作为连接两个生态圈的中介，完成了在线的高效率处理业务，同时可以很好地控制交易风险。在这个系统里的服务除了在线供应链金融系统，还有融资机构，银行以账户体系为基础提供资金、现金管理等服务。4.0模式充分发挥了银行的优势，即资金组织，不再仅仅银行自身为企业提供融资，而是帮助客户搭建一个风险控制的多元化的筹资系统，打通了境内外的资本市场。招商银行已经摆脱自身的传统融资身份，不再仅作为资金供给方，而是作为一个开放的生态服务商，帮助企业整合他们的生态体系，提供基于场景的资金服务、渗入全程的管理服务，以前是做资产的身份转变为卖数字化的资产，使资金和资产迅速地得到匹配。

　　智慧供应链金融4.0双生态圈，其中融合了许多金融科技的元素，例如通过API（应用程序编程接口）将各类的金融服务都能够放到产业生态场景中，还有大数据的风控能力，线上极速放贷，区块链的信息化控制等等。招商银行目标是与更多的核心企业合作，目的是建立双生态圈平台，以开放共赢的体系帮助实现供应链金融的再一次进步。实现了由传统线下到完全线上的改变，把封闭的平台体系变成了开放共享，不局限于传统信用体系，而是创造多元化的大资管融资，金融机构成为全程主导者，银行与企业再也不是完全分离的个体，在4.0模式下二者能够相互成就价值，企业解决了融资问题，银行完成业务创新，收获核心客户。

（二）招行智慧供应链金融4.0产品及服务分析

　　招商银行围绕产业链和交易链，建立了从端到端闭合的产业互联网供应链金融，融合了开放共享的互联网思维、共建生态的供应链思维和整合资源的投行三种思维的供应链金融4.0模式，把金融科技作为动力，重塑产业互联网的各类生态场景，主要代表产品有"付款代理业务"和"C＋智慧票据池"，并且这些产品为招行吸引了更多客户，扩宽了业务范围。

1. 付款代理业务

　　付款代理业务是招商银行供应链金融明星产品，从上线以来就广受企业喜爱，作为全方位解决企业需求并且服务中小企业融资的有效手段，提供了集融资和结算一体的全流程、"网式＋链式"的惠普式金融服务：不同于传统模式中，应收账款融资必须经过核心企业授权同意，利用招商银行核心企业的多余信贷额度，向供应商提供应收账款融资，核心公司在到期时偿还本金和利息。而各个企业的应收账款、订单、融资等信息是由在线供应链金融系统收集，其中引进了区块链技术，并包括了第三方服务机构和供应链服务商等。

　　付款代理业务降低了传统模式中银行的操作风险，提高了融资的便捷度，对于核心企业、银行和供应商达到了三方共赢。该业务具有三大优点：一是并未给核心企业增加额外的信贷负担，银行与供应商的关系更加紧密；二是供应商的融资成本降低，融资速度加快；三是充分利用核心企业的富裕授信，银行能够获取优质对公资产，有利于解决银行资金匮乏问题。

2."C＋智慧票据池"

为了应对快速发展的票据市场中对票据的有效管理，招商银行创新推出了"C＋智慧票据池"产品。供应链金融实体企业中使用票据频率高，招商银行为这些企业提供了票据的管理、结算融资以及全面的票据财产管理的创新服务；将企业纸质票据交由银行托管，全部采用电子化的形式进行服务，降低管理出现的操作风险；招行实行到期自动托收服务，不需要人工操作，汇款效率因此大大提高；所有符合要求的纸票和电票都进入到智慧票据池，对应形成不同额度的授信，企业根据自身需求重新开票和申请资金贷款。

"C＋智慧票据池"的基本业务流程中具有五大产品：互联网票据池、单一客户票据池、集团票据池、财务公司票据池、平台票据池。该项业务从上线以来就取得了非常好的成绩。

"C＋智慧票据池"是集质押池、托管池、资产池和备用池为一体的票据管理池：招行基于互联网提供了关于票据管理的一系列服务，如票据托管、授信、委托收款、防控风险等，还创立了票据供应链金融品牌服务，帮助企业有效地实现票据的结算、理财、融资等。这是对企业的"流动资产池"服务领域的开创，并进行了模式创新，也就是"动态授信、池化融资、总控担保、低信用提用"，创先性地对票据池产品体系完善，很大程度上扩宽了票据池业务的服务对象。"C＋智慧票据池"创新产品成功解决了四大票据业务的难题："两小一短""要素不匹配""采购与财务分离""大型集团跨区域集中管理"。

第三章　互联网供应链金融的形态

在经济全球化、服务全球趋势不断加快的背景下，消费者不断变化的需求对企业供应链金融形态的要求越来越高，互联网供应链金融呈现出多样性融合服务。本章分为互联网供应链金融概述、供应链多样性融合服务、客户归属与供应链服务底层化、现金流量周期是价值回路的绩效表现、供应链产业的多生态化五个部分。主要包括：互联网供应链金融的理论基础，传统与新型企业供应链的模式，互联网下供应链金融多样性的融合，供应链服务底层化分析，现金流周期对企业发展绩效的体现，互联网带动生态化供应链的发展融合等内容。

第一节　互联网供应链金融概述

一、互联网供应链金融的理论基础

（一）信息不对称理论

信息不对称通俗来讲即交易双方享有的信息资源不均衡。客观上，由于市场上各类主体所处的经济环境不同，获得信息的方法手段也具有差异，从而导致了这种不对称分布。另外，交易双方的主观决策和判断也会受自身条件不一致的影响，进而加剧这种不对称现象。这种不对称导致的结果显而易见，坐拥较多、更完善、更深入信息的一方会在交易过程中成为控制者，在金融交易中，拥有这种资源优势的常见主体一般为卖方，卖者对自身所售产品内在信息了然于胸，相比买者更具优势，买方居于劣势。

在交易中，买卖两者都熟知自己所处地位，由此造成两种不良市场行为出现。其一是逆向选择，这种逆向选择的产生是由于买家处于劣势地位对卖家不信任而造成的。买家既对卖家所售商品有需求，又对商品价格与质量保持怀疑态度，进而偏好低价劣品，这种买者行为使得价高优质良品被排斥，低价且存利润的劣品充斥市场。这种现象会导致供应商品表面上定价很低但质量上却更差；其二是道德风险，这种情况所出现的场景也很广泛，在任何简单的委托代理过程中都可能发生，代理人因自身占据优势地位而做出有利自己的行为，这种因占据信息优势而产生的有违道德的行为被称之道德风险。

（二）贸易自偿理论

贸易自偿指的是提供融资的金融机构以供应链条各类企业之间的真实贸易为基础进行授信评估，整个供应链条上的流动资金是其还款来源。由此可看出该种授信行为具有自偿性。另外，贸易自偿性融资将供应链条上下游的各类企业进行捆绑看作一个整体去评估其财务状况，实现了全链条、各环节财务信息的串联，形成一个资金流动闭合圈，具有较高的封闭性。这两个特性使得各类信息很难造假，有效解决了在融资过程中的信息不对称问题。而传统信贷业务采取的是单个企业单独评估的授信方式，这种信贷评估方式较为片面，金融机构对贷款申请者所提交的财务信息进行审核，通过对企业的运行状况、规模大小、信用等级等进行评估后，来判断是否进行授信，并没有从企业所处环境这一整体去评估。对比之下，前者将处在供应链条中的单个企业授信置于全链条整体评估，以保证每一笔借贷资金有真实贸易作为支撑，不仅有助于提高资金需求者获得信贷资金的效率，而且还能够减轻金融机构所担风险。

（三）结构融资理论

结构融资即对现行的融资模式进行结构性重组，通过对现有模式的组合重构，而创造出新型融资模式。值得注意的是，这种组合重构并不是随意地进行搭配，在重构过程中要遵循企业运行规律，根据企业的资金需求，在还款方式、利率、时间等方面做到量体裁衣个性化定制。这种弹性与个性兼备的融资方式，既能够为资金需求企业根据自身经营状态、偿还时间及方式、可接受成本等现实需求量体裁衣定制计划，又能够为金融机构创收，实现两者共赢。由前述可看到，不论是贸易自偿还是结构融资，这两者对供应链金融理论来说都不可或缺。原因在于，企业在产业链条中的每笔真实交易所产生的资金流，都是供应链中的核心要素，它关系到金融机构的资金回笼。因此，该种融资模式需要对自有授信模式进行重构，为企业量体裁衣制定个性化、精准化方案，创新性的实现降成本、提效率、避风险的效果。

（四）供应链金融风险理论

供应链金融是通过商流与物流的结合把供应链中的各个企业联系起来的一

种新型金融模式，因此受到的影响因素较多，风险影响范围较广。引起供应链的资金流、物流和信息流不能协调工作，从而产生了潜在风险。供应链金融内生风险是由供应链内部相关企业部门运行不当所产生的风险，主要体现在内在结构、流程和要素等方面。供应链运营时各个要素相互联系、相互影响，一旦某一环节出现问题，很有可能影响整个供应链系统。对供应链主体进行分析，目的是减少供应链主体在供应链金融中采取机会主义行为，有助于减少损失。因此，如何识别、评估、管理与控制整个供应链金融风险就成了一个至关重要的问题。

二、互联网供应链金融的含义

互联网供应链金融，是在互联网技术的影响与融合下，将原有的供应链金融运作模式从线下通过优化和突破，逐步达到线上运行。由于我国互联网信息技术、大数据、云计算、人工智能等技术也在日新月异的飞速发展，使数据在我们日后生产生活中的价值越来越突出。核心企业、物流公司、第三方支付、软件服务商都拥有着大量的统计数据，能够同供应链金融进行对接。供应链金融以信用为出发点，基于真实的交易来展开信用评级，使得核心企业、物流公司、供应商、生产商都可以利用发达的信息系统来实现合作，从而加速数据的整合。由于各数据之间的相互衔接，数据难以造假，因而能真实的反映企业的经营情况。而互联网模式下的供应链金融正是将原有的供应链金融内各主体（核心企业、上游企业、下游企业、物流、商流、信息流、金融机构等）的信息进行归纳与整理，从而提高各主体之间粘连性，提高各主体之间信息互通的实效性，提高供应链金融业务办理的效率的一种具有创新性的供应链金融的前沿领域。在这种互联网模式背景下，参与主体除了核心企业、金融机构、物流仓储企业外，还增添了供应链金融服务平台。

三、互联网供应链金融的特点

（一）供应链金融信息化

在互联网技术的影响下可以大大提高供应链金融主体对于数据的收集能力，分析能力，处理能力。有了庞大的数据量，强大的数据分析能力，快速准确的数据处理能力，就可以建立一个完善的中小企业信用评价体系，在这种体系下，核心企业将变得不那么重要。依靠互联网技术，企业可以将供应链条内，各个交易活动的数据实时上传，利用强大的分析能力，对数据进行分析处理，增强对中小企业运营情况的整体把控，预防可能发生的风险，为供应链金融降低风险，提高运行效率，提升服务质量，更好的服务实体经济，打下了非常坚实的基础。

（二）供应链金融电子化

供应链金融在发展的初始阶段主要是以国有六大行、股份制银行等商业银行为主要服务目标。随着供应链金融的交易量不断放大、基础金融资产规模不断扩大以及计算机等基础硬件设施的改进，工作人员以"手工台账为主"的模式已经不能满足交易方的需求，商业银行根据以上痛点都陆续开始搭建供应链金融的管理平台。这些管理平台能够在解决以上痛点的基础上还能降低操作成本，提高整个供应链金融平台的效益，以此形成了供应链金融的初步电子化。

在"互联网＋"供应链金融中，综合信息平台和产业链的结合，使供应链管理发生了巨大转变，这一创造给所有参与者带来价值的有机网络，从而构成供应链金融产业价值生态网。其中包含六大类主体：供应链金融需求方；供应链上核心企业；供应链金融平台方；供应链金融科技赋能方；供应链金融资金方；供应链金融基础设施方。

随着云计算、大数据和人工智能等新兴技术的进步，上述平台相关参与方也陆续推出了物流、仓储、加工、配送、供应链金融等一系列创新服务，实现了"四流合一"（即包括信息流、商流、资金流、物流等）。并且银行将供应链金融1.0模式中的线下业务逐渐转到线上，资金需求者可以通过线上平台查看融资需求、应收账款情况、库存信息等，供应链金融也逐渐向2.0的模式演进。

作为整个金融服务链条中的资金供应角色，银行既为核心企业、供应商企业等提供资金支持，也是供应链金融平台方，两者的结合可以确保资金的安全。

这种操作模式有如下优点：一是沟通成本降低，核心企业与供应企业的融资等需求可以直接进行沟通，减少线下交流沟通，降低时间成本和人工成本；二是审批环节流程简化，相关工作人员接收到申请后不再需要对申请信息进行手工录入，而只需要审查关键指标是否符合申请条件，从而降低了审批受理及后续管理环节。

以上讨论的是作为资金供应者的银行，其他供应链金融的参与者也在不断进行业务的拓展。但由于专业技术受限、资源优势不及银行、业务开展时间较晚等因素，使得其他参与方多依赖于银行所搭建的供应链金融平台来展开业务。后续有机会通过银行注资、人才引进等安排形成具有自身特色的供应链金融平台。

（三）供应链金融平台化

互联网环境下供应链金融的平台整合能力更强。传统的供应链金融模式中，是以优质的企业为核心企业，将其围绕的若干个上下游的中小企业作为参与者，由银行等金融机构作为主导，以优质的核心企业的信用支撑为主要依据，为其上下游的中小企业提供融资支持。但是随着互联网技术的不断成熟，逐渐从线下模式变为线上操作，运用互联网传输速度快、信息交互强、信息透明度高的特点，将以往单纯由银行等主导的传统模式，逐渐变为全民皆可参与的普惠金融。同时通过互联网技术手段实时监控供应链中各个参与主体（核心企业、下游企业、金融机构、仓储物流企业等）的商流、物流、资金流、信息流等重要数据，并通过互联网技术手段对这些数据进行分析，从而达到对各个主体经营情况的实时监控和融资贷款风险的预警。

虽然目前阶段来看银行对供应链金融平台具有绝对的话语权，但其他参与方也在互联网平台运作。例如供应链管理服务公司基于其对供应链资源的整合能力，对供应链相关物流、信息流、商流、资金流的四流合一的服务与管控能力，为客户提供非核心业务外包的综合服务能力，最终为客户的供应链运作中流动性资金服务。平台提供商中的参与者。

1. 平台提供商

供应链金融线上业务的开展与互联网金融服务平台密不可分，平台提供商为利益相关者提供必要的应用。也可以以主体为基础，交换和整合买方卖方和银行在订单及应付应收票据等方面的信息，可以让所有参与方能够及时了解供应链交易的整个过程。简而言之，平台的供应商已经实现了两种职能。

一是将交易中产生的各种凭证资料（如票据、信用证、采购订单、应付应收账款信息等）以电子方式展现在平台上，为参与方在各环节沟通甚至利益冲突方面提供了良好的解决渠道。

二是提供了合理管理信贷管理一体化和运作方式，为所有参与方提供低成本、低风险和高效益的方法。

2. 交易风险管理者

交易风险管理者可以将其所拥有的信息（例如交易信息、应收应付信息、物流信息等）通过数据整合的方式传输给投资者，使其能够在客观分析的基础上做出判断。因此，交易风险管理者将包括核心企业、供应商、资金提供者等参与方有机结合在供应链金融活动中并促进供应链活动的顺利展开。确切地说，其主要在物流信息整理、信息技术的推动和大数据的运用及交易和信用保险的支撑平台方面促进了供应链活动的顺利展开。

第一，物流信息整合。将物流信息、交易信息与金融信息（如贷款信息等）进行整合是交易风险管理者主要责任之一。物流信息通常要经过以下参与方：物流服务提供商及时将相关信息提供给风险管理者，后者在确认相关信息真实性基础上通过整合交易信息、金融信息等，进行相应处理传输给投资者，从而使其能够做出判断。因此，交易风险管理者起到了至关重要作用，也对其能力提出了要求：有一定的物流管理经验，并且能够判断物流信息，从而把握关键的信息点。

第二，信息技术的推动和大数据的运用。除了上述的物流信息、交易信息及金融信息整合外，这些信息的处理速度和处理能力也是保证供应链金融平台有效建设的关键。并且他们还需要将相关信息传输给投资者。后者若没有风险管理者来了解整个供应链金融平台的运作流程、运行情况，从而来把握风险的话，投资者是无法了解整个供应链金融的情况。

第三，交易和信用保险的支撑平台。将供应链金融链条中潜在的风险通过交易和信用保险的方式进行转移是保证资金在整个链条中顺畅运行的关键之一。这就需要银行等机构根据供应链金融风险独特情况设计出产品，达到既转移现有风险，又使整个链条风险处于可控范围内，当然，这也需要风险管理者的支持。

第四，融资链条的顺畅进行。通过上述三条措施，使得整个供应链金融链条中的供应商可以实现低成本、高效率的融资。

3. 风险承担者 / 流动性提供者

此类参与方主要包括以下机构：银行、PE/VC、保理公司等等，其主要承担以下责任：一是设立供应链金融业务标准、管理传统融资方式和供应链金融融资方式之前的冲突；二是由于其本身是风险的真正承担者，也需要进行有效的风险管理；三是进行投融资的细节设计等。

上述三者在整个供应链金融平台运行中统一为一个整体，并相互之间进行配合。银行等平台提供商、交易风险管理者提供了供应链金融的设计与解决方案，给整个链条中的中小供应商提供资金支持以及风险规避、管理的服务。流动性提供者即投资机构也在打造资金整合管理平台，逐渐向前两者的业务操作模式靠拢，从而能够在保障自身投资利益的同时，也能和其他参与方进行业务上的有效沟通。

（四）供应链金融服务个性化

由于不同行业的供应链条上都有各自的特点，甚至同一行业的供应链条上也有许多的不同之处。传统的模式无法快速满足其多样化的需求。而互联网技术下的供应链金融模式，依靠其强大的数据收集，数据分析，数据整合能力，针对不同行业或是同行不同链的运营模式、资金需求、运营周期等多方面因素和融资需求企业提出的具体需求，来为其提供符合需求的量身定做的金融服务和灵活性强个性化高的供应链融资产品。正是互联网技术的介入，使供应链金融行业向一种更加垂直细分、更精准支持、更专业的方向发展。

第二节　供应链多样性融合服务

一、供应链金融融资的多样性

（一）供应链外部融资

供应链外部融资主要是通过供应链外部金融机构（如银行和外部投资机构）为供应链企业提供融资。

供应链外部融资主要集中在银行借贷与股权融资。首先，对于银行借贷，将企业融资纳入供应链的生产决策中，并在银行融资下探究企业运营与融资决策之间的相互关系。在由单个资金约束的制造商和单个银行组成的博弈中，能够使渠道实现协调的非线性贷款计划并发现当借贷成本较低时，受资金约束的制造商会选择借贷，但其生产数量会低于预期的产量。同时，考虑到银行融资对库存决策的影响，银行借贷在随机需求和批发价格合同下，零售商的订货资金约束会降低供应链的效率和利润。

作为供应链的外部融资最主要方式，银行融资具有显著优势，筹资速度快，资本成本低，筹资弹性较大，但同时也存在着限制条款多，并且对筹资数额有限制的制约。而股权融资相对也是比较普遍，股权筹资是企业稳定的资本基础，也是单一企业良好的信誉基础，同时财务风险比较小。然而，股权筹资存在着信息沟通成本过大及披露的风险。亦容易分散公司的控制权，相对于债务筹资资本成本负担较重。

（二）供应链内部融资

供应链内部融资是指供应链内部企业为保证稳定供应或生产向受资金约束

的一方提供融资。常见的供应链内部融资包括延迟支付（供应链上游企业向受资金约束的下游企业提供融资的机制）和提前支付（供应链下游企业向受资金约束的上游企业提供融资的机制）。

随着供应链企业间的联系日益密切，以贸易信贷为代表的供应链内部融资逐渐发展成为一种重要的融资机制。贸易信贷主要表现为延迟支付和提前支付。延迟支付是指供应链上游企业在产品交付时并不立即要求其下游企业支付货款，而是允许其在合同规定的特定时间内完成订单支付。这种赊销方式能够大幅缓解供应链下游企业的资金压力并降低企业的库存持有成本。

（三）供应链融资的多种方式

1. 吸收直接投资

企业采用吸收国家、法人或个人投资，吸收的投资中可以现金、实物、工业产权、土地使用权等方式出资。这种方式有利于增强企业信誉；尽快形成生产能力；降低财务风险。但是资金成本较高；也容易分散企业控制权。

2. 发行普通股票

这种融资方式没有固定利息负担；没有固定到期日，不用偿还；筹资风险小；能增加公司的信誉；筹资限制较少。但是资金成本较高；容易分散控制权；新股东分享公司未发行新股前积累的盈余，会降低普通股的每股净收益，从而可能引起股价的下跌。

3. 优先股发行筹资

利用发行优先股筹资的优点：没有固定到期日，不用偿还本金；股利支付既固定，又有一定弹性；有利于增强公司信誉。不过筹资成本高；限制多；财务负担重。

4. 发行债券

利用发行债券来进行融资，资金成本要较低于股票筹资成本；同时保证企业的控制权；能够充分发挥财务杠杆作用——公司收益好时，债券持有人只收取固定的利息，而更多收益可分配给股东。

但同时，发行债券筹资风险比较高，在固定到期日要定期支付利息；限制条件比发行优先股和短期债务要严格得多；当公司的负债比率超过一定程度后，筹资成本会快速上升，有时发不出去，具有筹资限制的风险。

5. 发行可转换债券

在债券有效期内，可转换债券只支付利息，在债券到期日或某一时间内，债券持有人有权选择将债券按照规定的价格转换公司的普通股。如不执行期权，则公司在债券到期日兑现本金。这种融资方式还贷成本比普通债券低，筹资成本较低；具有灵活性较强，容易发行，便于筹集资金；有利于稳定股价等优势。而且相对于增发新股而言，减少股本扩张对每股收益和公司权益的稀释；减少筹资中的利益冲突。可是发行可转换债券相对于发行普通债券而言，股本可能被稀释，同时到期利息的还贷流量不确定；牛市时，发行股票进行融资比发行转债更为直接；熊市时，若转债不能强迫转股，公司的还债压力会比较大；相对于发行普通债券而言，可能会使公司企业的总股本扩大，摊薄了每股收益。

6. 金融机构贷款

金融机构贷款筹资自不必说，筹资速度快；就我国现有情况，与发行债券比较筹资成本低；可直接与银行商谈确定贷款的时间、数量和利息，借款弹性好。不过进行金融机构贷款必须定期还本付息，在经营不利情况下有较大的财务风险；必须定期报送有关报告、不准改变借款用途；一般银行不愿借出巨额的长期借款，融资金额受限。

7. 风险资本市场融资

风险资本市场融资是在互联网运营无限扩大化，科学新技术突飞猛进发展的基础上，海量信息共享公开，企业市场优先为先的前提下，对高新技术的先期投入方式。风险资本市场融资是高新技术企业的初创阶段的重要融资方式；有利于培育中小型高新科技企业，推动我国高新技术产业的发展；有利于制度创新、金融创新和技术创新相融合，是供应链多样性融合的一种具体体现方式。风险资本市场融资一定程度上支持了中小型科技企业变革内部治理结构的走向股份化和规范化。对科技成果产业化产生巨大推动作用，推动技术扩散和专业分工的发展。

同时风险资本市场具有高风险、高成长性特点，并且其投入资金具有显著的周期流动性特点；风险资本家或风险投资基金大多参与企业经营管理或实施直接监督，股东对企业的影响力非常大；具有很高的风险性，集中体现在技术风险、信息风险、市场风险、管理风险等。

8. 融资租赁

融资租赁（financial lease）是目前国际上最为普遍、最基本的非银行金融形式。它是指出租人根据承租人（用户）的请求，与第三方（供货商）订立供货合同，根据此合同，出租人出资向供货商购买承租人选定的设备。同时，出租人与承租人订立一项租赁合同，将设备出租给承租人，并向承租人收取一定的租金。融资租赁筹资的方式，租赁与设备购置同时进行，筹资速度快；相比债券和长期借款而言限制条款少；一般来说，租赁期限为资产使用年限的75%，设备淘汰风险小；租金在整个租期内分摊，财务风险小；租金可在税前扣除，具有抵免所得税的效用，税收负担较轻。不过租金比银行借款或发行债券所负担的利息高得多，资本成本较高。

9. 商业信用融资

商业信用融资是利用赊购商品、预收货款、商业汇票等商业信用进行融资。商业信用融资筹资相对非常便利；成本较低；限制条件又少。不过商业信用的期限一般较短，如果企业取得现金折扣，则时间会更短，如果放弃现金折扣，则要付出较高的资金成本。

二、互联网大数据分析能力与供应链多样性融合服务的关系

（一）理论基础

1. 资源基础理论

资源基础观认为企业所拥有的价值的、稀缺的、难以模仿的和不可替代的资源可以为企业带来竞争优势，实现绩效的提升。也就是说企业绩效可以被看作资源组合的函数，如果企业的资源是异质性的、独特的、难以模仿或复制的，企业就可以为顾客提供差异化的产品或服务，给顾客带来比竞争对手更大的价值，实现竞争优势。其中企业资源的价值性、稀缺性、难以模仿性和不可替代性（Value, Rarity, Inimitability, Non-replaceable, VRIN）的程度决定了企业利用这些资源实现绩效增长的可能性。而可以为企业带来竞争优势的资源主要有实体资源、组织资源和人力资源三类。其中实体资源包括原材料、设备和技术等；人力资源包括企业员工的知识、经验和关系等；而组织资源则包括组织架构、计划、控制和协调系统，以及组织内外部关系等。

早期资源基础理论的研究主要围绕企业资源产生竞争优势的来源进行展开，研究总结企业拥有的资源必须满足异质性、不完全流动性、事前限制竞争、事后限制竞争等四个条件才能产生竞争优势。再后来的研究更指向性强调能力在获取竞争优势中的核心作用，即企业对关键性资源的管理能力是获取企业竞

争力的重要因素。通过对资源基础观在运营管理领域的应用进行总结，一些学者认为企业资源的差异化在实现企业竞争优势方面有着重要作用，企业应首先识别出其所拥有的独特、差异化的、且对于竞争对手而言是很难获得和复制的资源，然后充分利用这些资源，挖掘它们的价值。

随着信息技术的发展，学者们开始从互联网资源的分类及给企业带来竞争优势的来源角度展开研究，认为互联网资源包括互联网基础设施、互联网人力资源和互联网无形资源。互联网资源和其他战略和组织资源等互补资源共同作用才能给企业带来竞争优势，也就是互联网与供应链的融合服务。在互联网发展壮大的今天，大数据时代，数据已经成为企业最重要的资产，是不可模仿、不可替代的重要资源，丰富的数据资源是企业大数据应用实践的基础，是能够为企业带来竞争优势的资源。同时，企业对有形资源、人力资源和无形资源的整合和管理可以发挥大数据的商业价值，给企业带来竞争优势。大数据被普遍共同认为具有资源异质性属性，是企业获得竞争优势的重要战略性资源，并通过对大数据战略性资源属性的分析，得出大数据是一种具有异质性战略资源，通过整合企业组织能力与异质性战略性资源，提供全面复合型供应链的服务支持，将多态化供应链相融合，为企业增大可持续性的竞争优势区间。

2. 动态能力理论

信息技术的迅速发展，顾客日益增长的个性化、多样化需求，越来越短的产品生命周期，企业间日益激烈的竞争态势等，都使得企业面临的环境不确定性越来越高。在此背景下，静态资源基础观中的企业所拥有的竞争优势越来越难以长期保持。因此，学者们开始引入动态能力的观点，动态能力是指企业整合、构建和重新配置内外部资源以适应不断变化的外部环境的能力，反映了在特定的路径依赖和市场地位条件下，企业获得竞争优势的能力。由此定义可以看出，动态能力在不同的情景下可以有不同的模式，随市场的变化而变化。在相对稳定的市场环境中，动态能力是基于企业原有的知识和能力而形成的复杂的、详细的和分析性的一系列惯例，管理者可以利用经验法则分析企业所处的内外部环境，以相对有序的方式规划和组织企业的活动，产生的是可预见性的结果；在高度动态的市场环境中，动态能力更多地依赖于企业在短时间内快速获取的，适用于新情境的新知识的能力，是一种简单的、体验式的和不稳定的行为过程，得到的是不可预测的结果。

利用企业获取竞争优势的动态理论框架，来解释企业如何构建、利用、整合和重新配置资源，以实现对外界动荡环境的响应。在该框架下，企业动态能力取决于其技术和演化能力，其中技术能力指企业有效地建立起内外部技术知识的关联，并在与自身业务相关的技术知识演变中找到部分与自身现有知识基础关联的技术知识，并执行这种关联的能力。而演化能力指企业通过系统地产生和修改经营性惯例，从而提高企业效率的能力。动态能力被划分为三个类型：①感知能力，识别并处理外部环境的机会和威胁的能力。②获取能力，抓住机会和抵御威胁的能力。③调度能力，对现有资源、技术和有能力进行调整与再运用的能力。

数据作为企业重要的战略资源，一方面，企业可以通过相关大数据技术工具获取和存储所需的海量数据。另一方面，也可以借助一系列大数据处理、分析可视化技术从大体量、多来源的数据中快速攫取潜在的价值。从而帮助企业更好地统筹、协调内外部资源和能力，灵活应对和处理不确定性的外部环境。

（二）互联网大数据分析能力的研究

信息技术的高速发展，移动互联、电子商务、社交平台的普及应用，行业内海量数据不断涌现，传统的数据分析、处理技术已很难处理这些海量的、多类型的和高度复杂的数据。因此，与大数据相关的大数据技术、大数据工程和大数据应用迅速成为信息科学领域的热点话题。大数据是一种信息资产，具有体量大、数据增长速度快、数据类型多样、价值稀缺性、真实性的特性，需要特定的技术和分析方法将其转化为价值，作为一种新兴信息技术架构，其本质仍是一种信息技术。因此，大数据技术可以看作是传统 IT 的升级，企业大数据应用实践获取商业价值的过程离不开已有的 IT 基础。大数据作为新兴技术革命的产物，最重要的一点是，是其更强调其强大的数据分析能力以及对新型数据分析工具的应用能力，如通过数据提取－转换－加载工具、在线分析处理、可视化工具等进行数据挖掘、统计分析和预测分析的能力等，提升企业的竞争力。其次，在当前大数据时代背景下，海量的、高度复杂的、多类型的数据是大数据分析面临的主要对象，即是当前的数字环境促使企业改革其现有的技术能力、管理能力和人力资源能力等以适应环境的变化。最后，大数据环境下，系统分析处理的不仅是企业内部产生的数据，更多的是企业外部，包括第三方平台所获得的关于行业环境、消费者行为和心理、政府政策等非结构化、实时的数据，更加关注外部环境对企业的影响，旨在通过解读外部数字环境变化来做出及时响应，使企业供应链趋于多样化的融合，直接时效地呈现企业发展良莠趋势。因此，在大数据时代，利用互联网数据能更加动态、更系统、更开放地感知市场环境的变化，在优化企业管理决策、提升企业经济效益方面发挥着重要的作用。

1. 大数据的概念衍生

BDC 是近几年才提出的一个新兴概念，学术界还没有给出一致性的定义。大部分国外学者以 IT 能力为基础，用"big data analytics capability"即"大数据分析能力"来描述企业大数据应用对企业的影响。一些学者基于大数据特点和企业大数据活动实践总结对 BDC 的概念进行界定，总结两种路径来界定 BDC，从资源基础观、动态能力理论来解释 BDC。其中，基于资源基础观的视角，一些学者强调了大数据基础设施的重要性。基于动态能力观的视角，学者更强调企业对大数据资源的组织和部署能力。

2. 大数据能力的构成维度

关于 BDC 维度的研究，大部分国外学者进行了维度探索，构建了一个大数据分析能力模型，包括 IT 基础设施能力、大数据管理能力和大数据技术人才三个维度，其中 IT 基础设施主要指管理多个数据源的能力，大数据管理能力主要指根据数据分析结果进行精准预测以提升业务绩效的能力。大数据分析能力包括 IT 基础设施能力、对大数据技术人员的管理能力及根据数据分析结果进行决策的能力。根据上述基础研究，BDC 被划分为基础设施能力、员工专业能力及相关设施能力三个维度。还有学者认为 BDC 培育应当从大数据基础设施建设、大数据战略设计，内外部数据整合及精细化运营和分析等角度出发，提出了 BDC 六大维度：大数据平台构建、数据管理与资源整合、产品与运营分析、企业精细化运营、数据产品规划和企业分析决策能力。

通过文献梳理可以发现，国外学者们基于 IT 能力对 BDC 维度的探索主要涉及大数据基础设施、大数据管理和大数据人力资源三个方面；国内学者关于 BDC 的研究大部分从资源整合的角度进行展开，维度划分差异较大，但仍离不开技术和能力两个方面。

（三）BDC 能力和供应链多样性融合服务

要做好互联网供应链金融，就要从客户价值系统入手，提供融合性服务，做出努力和变革。由于市场环境不断变化，企业间竞争愈演愈烈的背景下，融合性的概念在供应链管理领域受到越来越多的关注，大部分学者倾向于集成型供应链，也称作整合型供应链。

1. 企业供应链多样化融合

随着市场的快速发展，企业不仅要对内部核心技术研发能力不断提高，对外部的信息资源和融资渠道，以及上下游运营的高效性，都呈现出时间短，信息瞬时准确的需求。这就使得单一传统的供应链逐渐被摒弃，而相互互补融合的多样化敏捷化的供应链体系逐渐发展起来。企业供应链多样化的融合是在企业与供应链上下游合作伙伴有效协作以快速适应和响应外部环境变化的需求下发展起来的，它有助于增强企业所在供应链整体的敏捷性。从而可以看出，强调企业与供应链合作伙伴的有效协作和整合，通过增强企业与供应商、制造商和顾客的紧密合作关系来获取互补资源和能力，开发信息共享渠道，共同应对市场环境变化，是一种稀缺的、有价值的和难以模仿的运营能力。同时，企业供应链多样化的融合还强调企业快速有效地重新配置关键资源的能力，即通过构建动态能力来获取竞争优势。在此过程中，企业大数据分析能力发挥着重要的作用，其通过影响企业间信息集成和流程整合能力来影响企业供应链多样化敏捷性的高度匹配。另外，供应链成员间信息的可视性可以增强企业对供应链和市场环境短期、临时变动的感知能力，进而提升企业对外部环境变动做出快速反应的能力。

关于企业供应链多样化的融合服务维度，大部分学者从市场需求的角度来测量，如市场变化的感知能力、市场敏感性和顾客响应能力等等，包括生产能力、配送能力和需求管理能力等。供应链对市场需求的感知能力、满足能力和反应能力离不开企业和供应链成员对需求信息的掌握能力，因此可视性能很好地反映企业的供应链敏捷性；一些学者从供应链整个流程的角度来考察包括产品开发、生产、配送等各个环节。都强调了流程整合是企业供应链融合服务的一个重要方面；另外，企业与供应链成员间的协作能力是又一反映企业供应链融合服务的指标，企业快速响应以及适应市场变化的能力离不开企业与其关键供应商及客户的高效协作。

2. 互联网大数据分析能力与企业供应链多样化融合服务的关系

信息网络技术的迅速发展，互联网大数据分析能力对供应链多样化融合服务的影响研究受到国外专家和学者的广泛关注。其中以需求为导向，验证了信息系统能够促使供应链的深度整合和提高供应链对外部环境变化的反应能力。

新型 IT 技术能够打破组织间的边界，一方面促使企业与供应商和顾客之间建立紧密的关系，另一方面，当市场环境出现变动打破了这种关系时，企业能和其他企业之间快速地建立同等程度的伙伴关系。通过案例分析的研究方式，证明信息系统可以提升企业与供应链上下游伙伴对市场的敏感性，并高度强调互联网大数据分析能力对企业供应链敏捷性的提升作用，并认为 IT 能力包括人力资源能力、基础设施资源能力和信息资源能力可以通过提升供应链企业间信息流的精确性、充分性、可得性和实时性，来增强企业和供应链成员对市场的感知能力和反应能力；通过降低成本，提高企业和供应链成员的协同规划能力，从而提升供应链对市场变化的反应能力。

互联网大数据分析能力对提高供应链多样化融合服务具有重要的商业价值，可以提升供应链的可视性、连通性、反应性和灵活性。与此类似，通过实证研究证明了 IT 整合能力通过提高供应链运营的灵活性，进而提升企业供应链多样化融合服务的敏捷性。从 IT 基础设施能力和 IT 吸收能力两个维度来研究 IT 能力对供应链多样化融合服务的敏捷性的影响来说，IT 基础设施能力反映了企业的运营能力，IT 吸收能力是指企业 IT 与业务职能间的转换能力。实证研究发现，企业 IT 基础设施能力对供应链多样化融合服务的敏捷性影响不显著，但在 IT 吸收能力的中介作用下，IT 基础设施能力能显著提升企业供应链敏捷性。国内学者对 IT 能力与企业供应链多样化融合服务的敏捷性的关系也进行了相应的研究，认为企业 IT 能力（IT 基础设施、IT 人力资源、IT 无形资源）通过提升企业产品开发能力、配送柔性、企业协作能力和服务质量等来增强企业供应链多样化融合服务的敏捷性。而重要的一点是认为信息技术在提升企业供应链敏捷性上发挥着重要的作用。

综上所述，企业供应链多样化融合服务是一个涉及多学科的系统性工程，学者们从不同角度在该领域做了一定的研究，相关研究成果也颇具价值。在互联网大数据分析能力与企业供应链多样化融合服务的关系研究方面也有丰富的理论和实证研究成果，在大数据时代下，相对于互联网大数据分析能力，能更加动态、更系统、更开放地感知市场环境的变化，在优化企业管理决策、提升企业经济效益方面发挥着重要的作用。因此，探究 BDC 与企业供应链多样化融合服务的关系有着重要的理论意义和实践意义。

3. 战略导向与企业供应链多样性融合服务的关系

战略导向虽然目前学术界还没有一个共同认可的清晰的概念建构，但研究的方向大致可以分为行为视角、方向视角、文化视角和资源视角，其中，行为视角和方向视角是学术界普遍遵循的研究视角。

（1）行为视角

行为视角下，战略导向是一种行为或一系列行为的集合，渗透到公司的各个层面并指导着公司的运营活动。部分学者认为战略导向是业务层面的战略，并将战略导向划分为积极进取、分析、防守、未来、前瞻以及风险规避六个维度，进行了实证论证。战略导向是通过适应或者改变战略环境从而实现资源的优化配置，是一种行为或行动的集合，它体现在企业的业务活动、行为或决策过程中，如集体和个体所具有的某种一致性的行为等。

（2）方向视角

在方向视角下，企业的战略导向即是企业的战略方向，在该方向指导下，企业得以实现持续的高绩效。在该基础上，战略导向的概念更加具体化，战略导向作为企业的一种导向性原则，通过指导企业的运营活动来增强企业对外部市场环境的适应性，同时对企业的生产计划、行为特征和活动范围产生潜在的影响。战略导向是一种方向性的组织行为，影响着企业对内外部资源和信息的获取和利用过程。战略导向影响企业运营的战略方向，通过指导企业运营活动来提高企业绩效。

（3）文化视角

文化视角认为战略导向是企业的一种管理哲学，是企业的一种文化倾向，是在与客户、供应商和竞争者交互作用中所表现的一种价值观。战略导向在企业运营中的一个关键作用便是价值共享和行为创造，当该价值观和行为渗透到整个组织中，就形成了组织的文化。

（4）资源视角

在资源视角下，有关战略导向的相关研究主要以资源基础观为理论基础，战略导向表现在企业对时间、财务资源、人力资源等进行调配的基本原则，反映了企业对市场竞争的投入状况。

（5）战略导向维度

关于战略导向维度的研究方法主要有叙述法、分类法和比较法叙述法指定性分析的方式，如案例分析法。分类法则是进行概念讨论或通过实证研究的方式进行分组。比较法则是首先区分、定义所研究对象的关键维度，然后进行测量，最后对结果进行比较。国外有关战略导向的研究方法主要是分类法，一般将企业的战略类型划分为前瞻者、分析者、反应者和防守者四种类型。其中前瞻者战略的企业更加注重开发新产品和新市场，通过创新性的方式应对外部环境的变化，实现业务增长。与此相反，防守者战略导向的企业则更加倾向于在狭窄、稳定的细分市场中，通过采取降低成本、价格和提升现有服务的方式逐步增加市场份额。分析者则是前瞻者和防守者的综合体，采取稳定和变化的两种策略，在维持现有市场的同时，开发新产品和新市场。反应者战略是在前三种战略都不能适用时，而采取的一种被动适应外部环境变化的战略。使用分类法进行战略导向的研究比较容易操作，且研究结论比较容易被企业界理解和接受，但由于分类法只能对不同组别进行比较，无法反应组内差异，且分类本身很可能排除了重要的维度。因此，研究者选择了比较法来对战略导向进行了研究，提出了战略导向的六个维度，包括积极进取、分析、防守、未来、前瞻和风险规避，并进行了实证分析。随后，也通过实证的方法证明了该战略导向分类的合理性，并给出了六种战略类型的定义：积极进取指企业积极寻求外部的机会，通过创新的方式和方法来实现资源的优化配置，以领先于竞争对手的速度来提高市场份额和提升企业绩效；分析指企业在解决企业业务问题的过程中，通过综合考虑内外部因素和条件，以达到既定目标；防守强调企业维持现有的市场份额，在制定重大业务战略决策时，注重可实现的长期效果与短期效率；前瞻指企业持续不断地寻求市场上的新机会，通过参与新兴行业，以对外部动态的市场环境做出及时反应；风险规避指企业在进行各种资源配置决策时，尽量避免或减少产品和市场上可能出现的风险。

除了上述从行为视角对战略导向进行的维度划分，更多的学者从方向视角将战略导向划分了多种类型，即根据企业的战略方向和实施重点是面向客户还是竞争者，是重视产品创新、技术开发，还是重视市场营销等进行划分，常见有客户导向、市场导向、产品导向、学习导向、技术导向等战略导向。

（6）战略导向与企业供应链多化性融合服务

供应链多样化融合的敏捷性强调企业快速调整供应链策略和运营方式应对不确定性因素的能力，企业供应链融合服务的敏捷性的强弱受到企业战略导向的影响。从企业战略导向的角度研究供应链敏捷性的影响因素，实证研究表明市场导向和学习导向影响企业与供应商和客户的内部、外部整合，进而影响企业供应链敏捷性。从战略的角度，探究市场导向和供应链导向对供应链敏捷性的影响，同时要考虑环境不确定性因素对企业战略的影响。从动态能力视角，进行了战略采购、战略灵活性和供应链融合服务的敏捷性关系的实证研究，可以看出企业战略的灵活性对供应链敏捷性的显著正向影响。综上，学者从不同的角度对企业战略与供应链多样化融合的关系进行了研究，且大部分基于敏捷性的前测变量进行展开，探讨企业采取何种战略来提升供应链融合服务的敏捷性。

4. 环境不确定性对企业供应链多样化融合服务的影响

信息技术的高速发展，消费者个性化、多样化需求的增加以及企业间日益激烈的竞争态势使得企业面临的环境不确定性越来越高，要采取对策应对环境不确定性对企业的影响，维持持续性的竞争优势。管理者只会对他们能够感知的会对组织有影响的外部环境做出反应。即个体对相同的客观环境所感知到环境不确定性存在差异，相应的反应行为也会千差万别，这也为环境不确定性的测量提供了参考。从情境的角度来解释环境的不确定性，认为环境的不确定性包括两个方面，一个是外部不可预测的自然环境，如气候变化或自然灾害，另一个是市场变化的情况，如客户的需求、竞争对手的挑战和技术的变化。

关于环境不确定性的测量，主要从环境不确定性的来源和维度两个角度展开。首先，环境不确定性的来源可以从组织边界视角展开，包括外部来源和内部来源，外部来源有主要有顾客、竞争者、供应商、技术、政策法律以及社会文化等。内部来源有企业文化、组织结构以及人员配置等相关要素。

更多的学者从环境不确定性的维度角度进行展开。一些研究倾向于将环境不确定性作为控制变量进行研究，因此采用相对简单、单维度进行测量。随着研究的拓展，一些学者从权变理论的角度分析环境不确定性的调节作用，或将其作为主要变量来研究环境对其他变量的影响，因此关于环境不确定性的维度和量表也越来越复杂。其中动态性、复杂性和敌对性是得到学者们普遍认可的环境不确定性测量维度。环境的动态性是指环境变化的频率和不稳定的程度，表现为消费者偏好的变化、技术的改变以及产品需求和原材料供应上的波动；环境的复杂性指行业或组织活动的异质性，是对组织活动影响因素的多寡、差异性及关联度的描述；环境的敌对性指不利于组织生存与发展的外部因素，是资源的稀缺程度以及对这些资源竞争的激烈程度。

三、企业供应链多样化融合服务的管理启示

（一）实证结论分析

BDC 分为大数据基础设施能力、大数据管理能力和大数据人力资源能力三大类，大数据基础设施是企业大数据应用实践成功的技术基础，而大数据管理能力和人力资源能力则作为互补性资源与大数据基础设施共同形成企业独特的BDC。互联网大数据分析能力对企业供应链多样化融合服务存在直接的显著正向影响，结构方程模型的分析结果证实了企业大数据基础设施能力、大数据管理能力和大数据人力资源能力对于企业供应链多样化融合服务的重要作用，即企业大数据应用实践的过程中，通过提升其大数据基础设施水平、大数据管理能力和大数据人力资源能力，可以增强企业与供应链成员的协同规划能力和供

应链流程整合的能力，提高企业供应链信息资源的可视性。

企业战略导向对 BDC 与企业供应链多样化融合的关系具有调节作用。通过对前瞻者和防守者两组样本分别进行结构方程模型分析，实证研究显示前瞻战略导向下企业大数据管理能力对企业供应链敏捷性有显著影响，而防守者企业的这一关系不显著。且前瞻者战略导向下企业的大数据人力资源能力对企业供应链敏捷性的影响系数高于防守者，而与此相反地是，大数据基础设施能力对企业供应链敏捷性的影响系数是防守者大于前瞻者。这也就是说，前瞻者战略导向与企业大数据管理能力和人力资源能力匹配，更能促进企业供应链多样化融合性的提升。而在企业投资大数据基础设施的过程中，应该在企业战略目标的基础上，综合考虑企业能力和实际业务需求，大数据基础设施与企业供应链的匹配和融合能力，以防守者的姿态进行通过大数据基础设施能力提升企业供应链多样化融合服务的相关决策。

环境不确定性对 BDC 和企业供应链敏捷性的关系起到了调节作用，环境的动态性能够显著增强 BDC 对企业供应链多样化融合匹配的正向影响作用，环境的敌对性负向影响 BDC 与企业供应链多样化融合匹配的关系。也就是说，企业大数据应用实践更能适应动态性的市场环境，增强企业的供应链敏捷性。而企业也不能忽视环境的敌对性对两者关系的负向影响，应综合分析外部环境进行企业大数据应用决策。

（二）企业供应链多样化融合服务管理启示

大数据时代背景下，企业间日益激烈的竞争态势，以及越来越难以预测的市场环境，使得一系列以大数据、云计算、物联网等为代表的新型信息技术走上历史舞台，企业的大数据分析能力体系逐步成为企业创造竞争优势的重要来源。

1. 从战略的角度提升企业大数据能力

企业大数据应用实践需要大量的时间、精力和金钱的消耗，大数据应用实践的价值创造与企业内部各个部门及供应链成员都息息相关。因此，为了更好地将大数据应用到企业的各项运营管理中，并发挥其预期作用，需要有与之相匹配的战略导向。首先，以前瞻者战略导向来指导企业大数据应用实践。前瞻者战略导向的企业更倾向于将产品或市场的创新作为其获得竞争优势的手段，通过预测和对市场流行趋势进行追踪，从而提早采取行动获取先发优势，而BDC 刚好能满足前瞻者的这些需求，因此更能促进企业大数据应用实践的运行。

其次，企业 BDC 的构建和培育是一项长期且复杂的工作，涉及众多互补性资源以及内外部环境因素的影响。不仅需要 IT 部门的重视，还需要内部各职能部门的充分支持和配合，因此，管理层的战略支持对企业大数据项目的顺利开展发挥着重要的作用。另外，大数据项目应用实践的成功需要大数据基础设施、大数据管理能力和大数据人力资源能力的有效配合，企业在进行大数据应用实践时，在进行大数据相关基础设施方面投资的决策时，还应考虑相关技术性人才的开发与培训，并注意对大数据项目的各项活动进行统筹规划和合理安排。

2. 重视大数据能力在提升企业供应链多样化融合服务的促进作用

大数据分析能力能够有效增强企业供应链敏捷性，因此，企业在实施大数据应用项目时应着重考虑大数据基础设施能力、大数据管理能力和大数据人力资源管理能力的培育和提升。

首先，大数据基础设施是 BDC 形成的基础，是大数据应用项目能否成功的关键因素，且大数据基础设施的引入需要巨额的成本，大数据基础设施的连通性、兼容性和模块化程度与企业供应链成员间的协作能力和信任度密切相关。因此，在构建大数据基础设施能力时，应充分考虑企业的实际情况，供应链资源、信息的共享程度、企业供应链成员间的协同配合能力等。

其次，BDC 的实现离不开高效的大数据管理能力，包括计划、决策、协调和控制能力的协同配合。通过制定合理的大数据项目战略和计划，充分估计大数据项目的引入对供应链合作伙伴的影响，通过良好的协调和控制能力来提升企业内部和供应链成间的信息流动和资源共享，并最终提高企业的供应链敏捷性。

另外，大数据技术人才在企业应用大数据项目实践提升企业供应链敏捷性的过程中也发挥着有效的促进作用。因此，企业可以通过制定具有针对性的人才引进和奖励机制，吸引人才。

同时注重跨领域的综合性大数据人才的培养，除相关的专业能力外，还需着重培养人才的商业能力和关系能力。从而帮助企业内部其他部门和供应链成员更好的理解大数据项目应用所带来的价值，提升其协同配合意愿，及时应对外部环境的不确定性所带来的挑战和机遇。

3. 增强企业战略与大数据能力的匹配度

大数据项目的成功应用与实施受到企业战略导向的影响，前瞻者战略导向的企业更能促进企业大数据管理能力和大数据人力资源能力对企业供应链敏捷性的提升作用，防守者战略导向的企业则更能促进大数据基础设施能力对企业供应链敏捷性的提升作用，因此，大数据项目应用的过程中，应制定与 BDC 构建与培育相匹配的战略。一方面，在大数据管理能力和大数据人力资源能力的培育过程中，应制定合理全面的问题导向计划，注重主导领域的多元化，并随内外部情况及时做出调整。采取扁平化、分散管理的信息控制系统等来保证组织的灵活性、对外部环境变化的快速反应能力。另一方面，在大数据基础设施能力的培育过程中，要注意大数据项目建设与企业战略、行业发展的匹配性；以提升技术效率为导向，如搭建高效的跨组织大数据平台，保证供应链企业的数据信息传递的时效性和完备性；同时注意增强企业与供应链合作伙伴的协同水平，避免企业间的决策冲突等。

4. 提高企业大数据应用实践对外部环境的适应性

外部环境的动态性和敌对性对大数据应用项目的价值创造和发挥起着重要的调节作用，动态性的外部环境会增强企业 BDC 对企业供应链多样性融合服务的提升作用，而敌对性的外部环境则会负向影响 BDC 与企业供应链敏捷性的关系。因此，企业大数据应用实践的过程中应充分考虑外部环境的不确定性。一方面，在市场环境快速变化和顾客需求异质性逐渐增强的动态性环境中，企业应该加大对大数据项目建设的投资力度，借助大数据技术来及时洞察市场中潜在的机会和威胁，识别和开辟新的细分市场，深入挖掘顾客的潜在需求，进而快速响应顾客需求，应对环境动态性带来的机遇与挑战。另一方面，在资源匮乏、竞争激烈、供应链成员间各自独立决策等敌对性外部环境下，企业应降低大数据项目应用实践的规模，着重投资能提升企业短期绩效的大数据项目，维持现有的市场份额。

5. 企业供应链多样化融合更多依赖范围

企业供应链多样化融合业态因其每一种业态适合不同目标市场特定的需要，从而通过资源合理配置和资源共享，获得合力效应的模式，而被越来越多的商业企业所用。这种复合型业态可以获得适应性经营的竞争优势，这种适应性在未来的零售业成功中十分重要。随着经济发展和收入水平的提高，人们对商业服务形式有了多样化的要求，这必然要求商业业态的多样化与之相适应，由于多业态和组合业态不能完整体现业态组合的内在价值和合力效应，复合型供应链的业态丰富了商业业态演变的基本理论。并构建了一个敏捷供应链系统，通过引入保险机制，利用大数据等新技术，依托互联网金融的特性，提升企业供应链融合服务的长期可行性和应用价值。

第三节　客户归属与供应链服务底层化

一、供应链服务

随着互联网的迅猛发展，传统的产品销售所带来的利润日渐稀薄，由制造商、网店运营商、第三方服务商、消费者等构成网购供应链应运而生，而作为网店运营商的电商平台（京东、天猫等）为了更高效的实现商品的信息流和资金流，增加其自身利润，平台之间的竞争在日益加剧。而供应链服务的扩展逐渐作为新的盈利模式，并不断以此增加企业的市场竞争力。供应链服务扩展的延保服务作为一种售后延伸性服务，逐渐成为各大电商企业盈利的重要途径，消费者可选择性购买以获得产品质保期满后额外的维修保证。由于延保服务需要消费者进行自愿付费购买，因此也逐渐成为服务提供商新的利润中心。在美国，全球最大家用电器和电子产品零售商 Best Buy 的营业收入中有近一半来自延保服务收入。而在国内，国美电器最早于 2006 年推出面向 3C 类产品"家安保"服务，并在 2010 年延保服务的销售净利润占比高达 52%；苏宁电器同样于 2008 年推出"阳光包"延保服务后，累计发展消费群体超过 500 万人次。而经过近几年的发展，延保服务目前已覆盖电脑、家电等多个产品领域，合同中涵盖的服务类型也呈现出多样化的趋势。

在网购供应链中，延保服务的销售和提供过程是通过电商平台和第三方服务商共同合作完成。而随着网购环境的日益成熟，由第三方服务商提供的延保服务并经电商平台的"捆绑"销售逐渐成为各大电商企业获利的重要方式，这里"捆绑"的意思是指消费者在电商平台购买延保服务是基于已购买产品基础之上。然而由于网购环境、服务的特殊性等问题，消费者在电商平台购买产品时容易忽略"捆绑"的服务产品，其对延保服务需求偏好的差异化导致不同的支付意愿，并且在延保服务提供前后感知价值的不同产生消费者效用和满意度的差异，从而影响延保服务的提供模式和最优决策，进而导致网购供应链各主体企业必须承担的隐性成本。另外，第三方服务商和电商平台在关于延保服务合作中存在的利益冲突，会影响双方努力水平的差异，从而导致延保决策效率和利润均衡问题，使得供应链各主体之间难以长期稳定运营与合作，进而影响网购供应链的整体协调。所以，消费者、电商平台及第三方服务商均作为网购供应链上重要主体因素，其行为决策之间彼此联系并影响着整个供应链的协调。

从以上层面来看，供应链服务质量体系并未健全通畅，虽然供应链内成员相互融合，但是由于不确定因素，共赢模式并未达到最佳，导致供应链服务还相较于底层化，而消费者作为供应链末端，无论从纵向研究，或是横向利益一致的角度分析，都应该是不能忽视，且为目标归属的一级。

二、客户异质性与归属

（一）面向产品的客户行为异质性

客户行为异质性多表现为个体之间对产品或服务偏好的差异性而导致的不同购买行为。企业应针对不同类型的客户采取产品差异化促销策略可使自身获得长期的盈利。客户异质性不仅体现在对于服务质量的感知，而且体现在他们对于基础产品的保留效用的评估。

我们将以客户归属满意度为最大为目标，识别客户对供应链服务的异质偏好需求，分析客户异质偏好对供应链各主体决策的影响。从分类的角度探析对供应链服务的异质偏好问题。

网购供应链延保服务的销售和提供过程应充分考虑客户异质性偏好的影响。供应链延伸服务零售价格与消费者价格敏感系数呈负相关，与服务质量敏感系数无关。风险规避型消费者的满意度水平最高，并且在延保价格较低、服务质量水平较高的情况下，可实现延保服务市场需求量提升以及供应链各成员利润的改善，进而促进网购供应链服务的协调。

客户异质偏好满意度与延保服务价格呈负相关，与服务质重水平呈正相关。第三方服务商通过提高供应链延伸服务质量水平可提升客户的满意度，同时会增加电商平台的供应链服务收益；电商平台通过提高服务销售努力水平会增加第三方服务商的供应链延伸服务收益。由此而产生的努力成本应由双方共同承担，以实现网购供应链的协调。

（二）客户归属对网购供应链各主体服务决策影响

客户作为网购服务供应链上的最重要主体，其对供应链服务的异质性偏好给电商平台和第三方服务商带来了隐性损失，从而影响各主体决策效率及供应链协调。针对客户对服务的预期，分析其对服务价格敏感程度和服务质量敏感程度的差异性，并识别不同类型客户对服务的需求，进而对供应链服务的协调起到指导作用。

随着互联网的发展迅速，供应链服务的模式是依托于网购的背景，由第三方服务商来提供延保服务并通过电商平台以与产品"捆绑"的方式销售给消费者，而消费者在电商平台购买延保服务必须基于已购买实体产品的基础之上。若延保服务仅由零售商来销售，而服务保障由第三方服务商来支持，可使零售商减少服务成本，获得更多利润，所以越来越多的电商平台向消费者销售延保服务，虽然通过在线销售给消费者传递的信息不够明确，但该类营销方式表明电商平台致力于提高售后服务质量并保持与消费者的黏性，从而消除消费者对网购产品存在的风险感知，扩大购买产品或服务的需求以间接增加其自身利润。从而，客户归属的异质化直接影响供应链服务中各主体的决策，以及供应链服务体系内的利润分配，最终体现在供应链服务的终端质量标准上。

三、供应链服务底层化分析

（一）供应链服务

狭义的供应链服务，是一种网链供需合作结构，供应链服务集成商整合。上游的服务提供商，提供给末端的客户所形成的一体化的集成供应链服务。随着信息技术的发展，广义的供应链服务向纵向延伸，甚至包括更上游的设施设备、信息技术等提供商，并包含中间所有为实现一体化供应链服务需求而互相配合的企业或部门。供应链服务体系的组成成员间竞争与合作问题及协调发展问题研究是关键，对服务供应链的合作联盟形成与运行起着决定性作用。

1. 竞争与合作策略

在供应链服务的竞争与合作中，大多通过成员之间的利益分配方式研究成员之间的竞争合作策略，在供应链服务的资源分配中，分配量主要受价格和服务水平的影响；但是必须考虑服务业的特点，因为涉及许多不确定性和中断的原因，如自然灾害，商业促销、技术变革和客户偏好的变化，这将导致不确定的需求和巨大的运营风险；当需求不确定或突然中断时，供应链的决策会受某一条件的影响发生变化。比如风险厌恶、同伴竞争、关系强度相互作用会对最佳预期效用产生影响；多位学者通过建立不同形态模型，分析结果显示契约型供应链成员间能达到最佳协同合作关系。

2. 协调发展研究

协调发展是供应链服务参与主体间合作的一种方式，是研究其如何达到共同获益的过程，供应链服务的协同发展包括企业内部、企业之间、供应链之间的协同，涉及范围较广，研究内容较为复杂。已有文献在竞争合作策略方面的研究，顾客的行为只是作为一种影响博弈的扰动因素，并未真正将其纳入供应链的参与方。协调方面的研究大多针对供应链内纵向协调的研究，忽略了供应链内横向协调这个方向。然而在供应链供需关系不稳定时，供应链内横向协调、供应链间横向协调都是不错的选择。

（二）探究供应链服务的发展方向

供应链服务的销售和提供过程应充分考虑客户归属的异质性偏好的影响。为提高客户对服务的满意度，供应链服务商应提高服务质量水平，同时应促使电商平台提高销售努力水平以增加供应链服务的保有量；由此而产生的努力成本应由双方共同承担，以实现网购供应链的协调。

双边努力成本共担契约能有效提高双方的努力水平以及延保服务的市场需求量，并保证努力成本分担系数在合理区间范围内取值，可实现供应链服务效益的帕累托改善。

第四节　现金流量周期是价值回路的绩效表现

一、现金流存于企业的重要意义

随着供应链各个节点的业务发生，随之而来的资金往来。没有资金的支持，商业业务也不可能开展。现金流是交易过程中很重要的环节，也是供应链得以运用的"血液"，由于现金流与业务流程紧密的关系，因此财务治理是公司治理中最重要的治理机制，而财务管理是企业管理中的核心。企业管理者对资金的运用、分配、把控深入到物流、信息流中，三者同时为业务的开展提供了基础保障。

现金流的健康与否对企业的经营发展至关重要，不少企业破产的原因不是经营亏损，而是因为没有健康的现金流。

（一）理论意义

基于当前的宏观经济环境、激烈的市场竞争、特别是其现金流的回款特征。拥有充足的现金流对于企业尤为重要，是否拥有充足的现金流甚至可以决定企业未来的发展走向。相比较于国内其他行业的龙头企业，中小型企业在现金流管理方面存在一些突出的问题，例如流动资金短缺，资金分散难以集中管理，资金回笼周期漫长，应收账款居高不下且难以回收。

（二）现实意义

在现代社会中，企业经济活动离不开现金，现金是企业的经营发展的核心资源。在竞争激烈的行业市场，企业想要脱颖而出，就必须对自身的现金流进行有效的管理。现金流是企业经营的先决条件，企业从参与项目的招投标起，到最终的验收结算或质保期结束，都离不开现金，企业拥有充足的资金是确保市场交易，商业行为顺利进行的先决条件。

1. 有助于企业提升公司的管理水平

企业在经营过程中，每一个环节都离不开现金流的管理，从项目初始研发，再到运营过程中的每个节点，以及最后的验收结算，每个环节都必须做好资金的使用规划，企业可以通过提升现金流管理水平来提高企业整体的管理水平。

2. 获得竞争优势、增加企业收益

当前的市场竞争愈演愈烈，供应链上下企业垫资额度越来越大，甚至要求对整个项目全垫资。有些行业特征是回款周期漫长，项目需要消耗大额资金。所以企业在承接项目时，若企业自有资金充足，那么就有可能获得更多的发展机会，也更有底气参与项目的招投标。在自有资金不足时，如何选择筹资规模、筹资渠道、资金的使用期限，以最适合企业经营发展的方式筹集资金，分配使用资金，为企业创造更高的收益，以充分发挥财务杠杆的正面效应，是企业需要认真考虑并解决的问题。因此，企业要在激烈的市场竞争中谋求生存发展，必须加强对资金的有效管理。其次，企业通过提升信用等级、增加自身的信誉度、美誉度也是提升企业融资能力、拓宽融资渠道、降低融资成本的一种方法。

二、企业现金流管理存在的问题

（一）国外存在的问题

1. 主要问题方面

国外学者指出企业现金流管理面临的主要问题，过于宽松的信用政策导致企业的应收账款难以收回，企业应根据自身战略和发展需要管理现金流。企业的现金流管理主要存在两大难题，一是通货膨胀压力导致资金贬值，二是销售量的过快增长会导致企业资金短缺。

2. 目标方面

学者提出了分析模型，该模型假定企业当前和未来一段时间内的现金流

入和流出是可以预测的，现金流管理的目标是计算出企业的最佳现金持有量并保持。

3. 方法和手段方面

学者提出应收账款周转期和存货周转期可以成为企业管理现金流的有效手段之一。任何企业都离不开融资，所以企业管理现金 流时必须重视融资，首先是内源融资；其次是外源融资；在外源融资时，债务融资优先于股权融资。对现金流管理应事前预测未来现金流，预测未来现金流的重点是做好：当前和未来一段时间内应收账款、应付账款、库存和折旧摊销的变化。库存积压和应收账款难以收回在现代企业里普遍存在，而库存里的存货和应收账款会占用企业大量的流动资金。因此，要做好现金流的管理工作前提是管理好企业的存货和应收账款。

4. 绩效方面

学者认为利用经营活动产生的现金净流量可以判断收入的质量好坏。通过分析企业的现金流能够评价企业的盈利能力和偿债能力。传统的现金流管理绩效评价方法无法抵消通货膨胀的影响，存在一定的局限性。

（二）国内存在的问题

在现代企业管理中，现金流管理越来越受到企业管理者的重视。正是由于现金流管理的愈发重要，国内越来越多的学者加入此领域并开展了广泛研究。大约在20世纪90年代，国内学者开始对企业的现金流进行分析研究。对现金流管理的相关研究，主要研究了现金流管理存在的问题，现金流管理的目标，现金流管理的方法和手段，评价现金流管理的绩效等方面。

1. 主要问题方面

中国企业现金流管理主要存在以下问题：缺乏现金收支预算、应收账款管理不到位、资产投资未经科学论证。通过对国内众多光伏企业的研究后发现，许多企业破产的原因是因为对现金流管理重视程度不足，导致资金链断裂最终破产。我国的企业现金流管理存在的问题总结为三个方面：一是现金流管理效率低下；二是现金流的预算管理工作不到位，特别是没有严格执行到位；三是企业对资金的流入与流出没有严格控制。而当前中小企业的现金流管理水平也有待提高，主要存在以下问题：融资渠道单一、缺乏现金流管理意识和风险意识等问题。中小企业现金流管理主要存在以下四个问题：一是销售环节的现金流入管理有待提高；二是采购环节的现金支出管理仍有提升的空间；三是管理层的现金流管理意识有待提高；四是企业的现金流管理体系有待完善。目前国内企业对现金流管理意识有待提高，"重利润、轻现金流"的思想较为普遍。但现金流比利润更能体现企业的价值。

2. 目标方面

企业的现金流管理工作应同时实现两个目标，一是流动性，二是收益性。然而这两个目标是相互背离的，因此企业应根据自身的实际情况，找到收益性和流动性之间的平衡点，实现现金流管理的双重目标。企业现金流管理的目标是要确保企业现金的可持续性与流动性。企业现金流管理的主要目的是降低企业的财务风险。

3. 方法和手段上

企业的发展目标是实现企业价值最大化，做好现金流管理工作是实现企业价值最大化的基础。企业的现金流会随着其所处的生命周期阶段改变而改变，企业应根据所处的生命周期阶段采取不同的现金流管理方法，对症下药。现金流量预算工作是现金流管理工作的前提，所以企业必须做好现金流量预算工作。现金流量预算在企业的经营、投资、融资工作能够发挥重要作用。企业现金流管理的方法主要有：加强现金流的流动性管理；做好现金流的预算工作。现金流的预算工作是现金流管理的基础，做好现金流预算的方法主要是长短期预算相结合，总部与分支机构的预算相协调。互联网的发展能够降低企业的管理成本，中小企业应充分利用"互联网＋"，管理企业的现金流。对现金流的管理不能仅停留在对经营活动现金流的管理，还要管理好企业筹资活动产生的现金流，这样才能更全面的管理现金流，控制财务风险。

4. 绩效方面

评价企业的现金流管理绩效应综合企业的经营、投资和筹资三个方面进行评价。现金流质量能够代表企业盈利质量。若企业有利润，没现金流有严重的财务风险，所以建议企业利益相关者在评价企业的盈利质量时采用现金流进行评价。

三、现金流周期对价值回路绩效的影响

现金流是指某一段时间内企业的现金流入和流出数量，例如企业销售商品、提供劳务、债务或股权融资等都会取得现金，形成现金流入；购买原材料、支

付工资、购建固定资产、对外投资、偿还债务等都需要支付现金，从而形成企业的现金流出。企业的现金流可以按业务分为经营活动现金流、投资活动现金流和筹资活动现金流。

（一）现金流管理理论

1.DSO 理论

DSO 是 Days sales outstanding 的简称，即应收账款周转天数。因而，DSO 理论就是应收账款管理理论。应收账款周转天数，是指企业从确认收入到现金流入企业所需要的时间，即应收账款变现所需要的时间。销售企业的应收账款周转天数，是从确认商品销售到应收账款变现的时间，劳务企业的应收账款周转天数，是从提供劳务确认销售到应收账款变现的时间。DSO 表示企业出售商品或提供劳务后到现金流入企业所需要的时间。DSO 值越大表示应收账款周转天数越长，企业应收账款变现难度越大，企业应收账款的账龄与发生坏账损失的风险成正比，应收账款账龄越长给企业造成的损失越大。与应收账款 DSO 相似，企业可以计算应付账款 DSO，即公司购买商品或接受劳务后应付账款的天数。对于购买商品或接受劳务企业而言，应付账款天数越长越好，表明公司无偿占用他人的资金时间越长，能够缓解企业的资金压力。因此，公司可以计算应收账款 DSO 值与应付账款 DSO 值。若应付账款 DSO 值高于应收账款 DSO 值，表明公司善于利用商业信用管理现金流。这就是现金流周期对企业价值绩效的体现。

2. 现金缺口理论

现金缺口理论是指企业从购买原材料或劳务而支付现金至销售产成品或提供劳务收回现金之间的时间间隔。现金缺口是指企业现金短缺的时间。

现金缺口＝存货周转天数＋应收账款周转天数－应付账款天数。

企业可以根据本公司的存货库存量、应收账款变现时间和应付账款的付款天数计算本公司的现金缺口，以便企业提前做好应对准备。公司如果计算出现金存在较小的缺口，就需要及时采取补救措施，例如通过银行贷款等方式筹集资金。如果公司长时间出现较大的现金缺口，表明公司的现金流管理需要改进，特别是应收账款和存货管理方面需要改进。公司现金若存在较大的缺口，可能需要通过债务筹资维持经营，增加企业的财务成本，企业的利润和现金流受到侵蚀。公司日常的经营活动、投资活动主要依靠现金，而非经营过程中所积累的利润，所以公司必须持有一定量的货币资金，满足企业的交易性需求、预防性需求和投机性需求。但现金是非营利性资产，即现金不会直接给企业带来收益。企业的现金持有量过多，不但不能给企业创造收益，反而可能会降低企业的收益。若企业现金持有量不足，企业的经营或投资活动可能会受到影响，甚至会付出机会成本，无法满足企业的交易性需求和预防性需求。所以企业应根据自身的实际情况，结合当前和未来可预测的一定时期内，确定企业的最佳现金持有量，满足现金的流动性与收益性双重要求。

3. 风险与收益均衡理论

根据资本资产定价模型，资产的期望收益率与风险系数正相关，意味着高收益必然伴随高风险，企业要想获得高收益，就必须要做好面对高风险的准备。需要特别说明的是，高收益的背后隐藏着高风险，但是高风险并不必然能够为企业带来高收益，高收益与高风险二者并不对等。一项高风险的活动，可能没有给企业带来高收益，反而给企业造成毁灭性的打击。因此，企业应根据自身实际情况、风险偏好等在风险与收益之间寻求平衡点。

4. 现金流预算管理理论

现金流量预算管理的核心是对企业当前和可预测的未来一定时期内的现金流做出科学合理地规划。因此，企业应根据自身实际情况建立适合本企业发展的现金流量预算管理制度，科学规划现金流量和现金在企业流入和流出的时间点。以价值创造为导向，根据业务的轻重缓急、盈利能力，编制现金流量预算表。现金流量预算一经确定，原则上不得变更。现金流量预算管理可以进一步细分为总预算和日常预算，现金流总预算是从企业总体出发，着重于规划企业的整体经济活动，保障企业实现战略目标；日常现金流量预算着重于规划企业日常的经济活动，将日常预算和总预算科学合理的搭配使用，有助于企业的现金流持续、健康的运转，从而促进企业实现战略目标。

（二）现金流周期对企业的价值绩效的重要性

现金流量可决定企业的生存发展状况，因此对于企业有着重要的意义。若是企业一直具有较好的现金流量持续性，对现金进行合理的管理和调度，可以大幅提高现金的使用效率，起到降低财务成本的效果；而反过来，如果企业现金流量出现问题，资金断流，进而影响企业正常的生产，同时会减弱企业的偿债能力，最终会影响影响企业的生存与发展。一个企业在正常生产的情况下，当投资性和筹资性现金流的规模不发生变化的时候，经营性现金流量越稳定，企业的成长性越好。也就是说，如果一个企业的现金流主要来自生产经营活动，其经营能力就强，从而出现财务矛盾的可能性就越低；反之，则会使财务矛盾出现的机率上升。所以，在运用企业的财务分析的时候，要注意对现金流的分析，尤其是对现金流的结构进行科学分析判读。

根据经营性现金流、投资性现金流和筹资性现金流的正负，企业生命周期划分为了导入期、成长期、成熟期、波动期、衰退期五个阶段。具体分类标准如表 3-1 所示。

表 3-1　企业生命周期分类

	经营性现金流	投资性现金流	筹资性现金流
导入期	−	−	+
成长期	+	−	+
成熟期	+	−	−
波动期	+	+	+
波动期	+	+	−
波动期	+	+	
衰退期	−	+	+
衰退期	−	+	−

由此可知，企业处在不同的生命周期阶段，企业现金流具有不同的特点。对于经营性现金流，在成长期，营业收入在增加，但由于企业还未形成规模效应，所以产品成本较高，所以此时的经营性净现金流流入还较少。而在成熟期时，企业规模效应已经形成，产品的生产成本达到历史最低水平，营业利润增加经营性现金流流入达到最大水平。在衰退期，营业性收入急剧减少，而产品成本难以下降，所以这个时期的经营性现金流量为负数。对于投资性现金流，处于成长期时，企业需扩大生产规模，增加研发文出，所以这个时期会有大量的资金投入。而在成熟期时，企业投资开始减少，原始股东开始从投资中获得投资收益，所以此时投资性现金支出开始迅速下降。在衰退期，由于企业停止扩张，所以投资性现金流出很少，而且此时企业通过出售厂房设备再加上之前的投资性项目所产生的收益，这个时期的投资性现金流为正。对于筹资性现金流，在成长期时，企业需要大量的资金来对弥补企业的运营和投资支出导致的现金减少，所以此时会有大量的筹资性现金流入。而在成熟期，企业通过经营性收入已经能够满足企业的生产运营，并且由于投资性支出的减少，企业不再需要用筹资获得资金。在衰退期，企业的融资环境也随着经营状况的下降而恶化，很难从外部进行筹资来维持企业的运行，并且还要偿还之前的负债，所以此时的筹资性现金流为负。

第五节　供应链产业的多生态化

一、供应链产业生态化的发展进程

随着科学技术的发展，跨界企业间合作日益紧密，供应链从单一线状变化为多维网状结构，形成了生态型供应链。生态型供应链的模式在我国发展迅速。目前我国已有供应链平台企业上市，同时我国政府也出台了大量推动供应链平台发展的政策文件，继 2017 年国务院办公厅发布了《关于积极推进供应链创新与应用的指导意见》，党的十九大首次提出在现代供应链等领域培育新增长点，形成新动能之后，2018 年 4 月财政部办公室，商务部又联合发布《关于开展 2018 年流通领域现代供应链体系建设的通知》。但随着市场多元化、需求个性化的增长，供应链平台企业的发展受到成本压力的限制。供应链平台企业整合的供应商能力参差不齐，生产和服务处于高能耗、劳动力高密度的滞后性发展阶段，而日益多样化的市场需求导致平台成本难以降低，从而减少了利润空间。

供应链（Supply Chain）思想及供应链管理方法从提出以来，供应链结构经历了"点"状、"线"状以及"网"状的发展阶段，目前正向立体的多维结构发展。1998 年，学者提出供应链是企业内部的资源整合过程，是通过优化企业内的流程促进供应链的协调，这一认识将供应链视作企业内部生产转换和销售等活动传递到用户的一个过程，即为"点"状。同年，又提出供应链的管理是注重上下游企业协同一体化的发展，并将分为纵向一体化和横向一体化的管理方法，这一认识将供应链视为"线"状。1999 年，提出供应链管理应围绕核心企业建立战略联盟的网络关系，企业之间呈现出网络化的合作模式，这一认识将供应链视为"网状"。

自 2013 年中国开始成为世界第一大网络零售市场以来，平台生态化成为当前中国电子商务经济发展的核心趋势，大型的电子商务平台利用集聚的海量用户资源快速打通行业上下游，传统的市场组织协调方式不再适用于当前互联网平台经济这个新业态跨行业、跨区域的特点。

二、生态型供应链分析

生态型供应链是生产与流通过程中，以网络平台为媒介，整合制造供应商、物流服务供应商、金融机构等多方资源，通过信息匹配、大数据分析等技术手段，为不同客户提供制造加工、物流服务、金融服务、交易服务等多样化服务，实现跨界协同、互利共赢的多维链状结构。生态型供应链是开放式、网络化的复杂系统，包括企业及企业所处的网络环境，系统中相互依赖的各种企业和组织，系统中的企业、组织与外部组织进行资源、能力的互补、交换，相互之间依靠平台信息的传递和价值的增值维系。

（一）供应链的形态

随着互联网的普及和经济全球化，2010年，有学者提出制造企业和服务企业依托互联网，通过搭建生态平台实现跨界合作，随着生态平台的发展，逐步发展成互利共赢的生态型供应链，使得网状供应链结构演变为了复杂的"多维"结构。

1. 从供应链主体间的紧密关系

供应链有离散供应链和集成供应链两种形态。离散供应链包括点状供应链，集成供应链包括线状、网状和多维供应链。其中离散供应链是指在企业外部需求旺盛、行业供应不足的市场环境下形成的，是关注企业内部流程运作的供应链模式，其特点是可充分扩大产能实现企业的专业化运作，但由于专注自身发展，忽略市场需求，因此随着供需关系的变化，离散型供应链不再适用；集成供应链是指在外部供需关系相对平衡，且已经出现了供略大于求的市场环境下，以上下游企业协同合作为核心的供应链模式，其管理核心是通过放缓生产速度，注重对供应链上各企业的库存、质量和成本的管理。

2. 从供应链与外部环境关系

从这种关系看，有协同供应链和生态型供应链。协同供应链的核心任务是打造柔性竞争力，不仅对内建立供应链跨职能的协作系统，还对外整合供应商资源，创造客户价值。生态型供应链是在互联网竞争全球化发展的背景下，市场进入智慧生态圈竞争时代，为适应市场变化，企业开始实施"无边界"合作，推行数字化创新平台，构建上下游生态圈，逐步形成了以共赢为目的的生态型供应链。生态型供应链依托互联网，搭建供应链平台，并整合供应链上下游资源，链上企业可进行融资、信息、进出口、结算、仓储、物流、配送、交易撮合等，实现信息共享、资源共享、运作协同。

生态型供应链与以上三种供应链的最大区别在于实现了跨界资源整合，且从产业集成、生产组织、服务模式等多方面为终端客户制定满足需求的一体化服务。

（二）生态型供应链的态势

随着互联网技术，尤其是移动互联网技术的发展，生态型供应链利用大数据的技术，在数据采集和数据应用等方面通过多种方式和渠道，进行虚拟重构和优化更新商业模式，形成完善的生态型平台；生态平台的是通过互联网、大数据、云计算等新兴技术发展与消费者个性化相融合形成的具备整合线上线下跨地域的商业模式。

以供应链管理理论、资源基础理论、博弈论等为基础，构建电商平台型供应链生态系统模型，从供给侧的角度上来看，我国市场经济的持续性发展为中小企业的持续发展提供了许多的空间。目前来看，市场方面的变更和经济结构优化、转换增长动力等方面得到了明显的改善，当代经济体系属于当前经济发展战略性目标的关键。需要将经济发展的重点集中在实体经济上，并实现对传统产业的持续推动，其中中小企业的融资支持显得格外重要。因为中小企业在财务信息方面存在不透明以及治理结构相对松散的特征，导致整个企业的融资效益相对较差，导致在经营期间融资的难度相对较高。对此，探讨基于"互联网＋"供应链金融的中小企业融资新思路具备显著实践性价值。

虽然我国供应链金融模式的发展相对滞后，但是在市场经济的推动之下仍然保持着高速发展，并且呈现出了许多的新特征。在大数据支持之下，可以更好地推动信息化技术的发展，并为供应链与互联网金融提供支持，同时为金融机构提供更多的信息，例如物流、资金流以及商流，从而实现对潜在风险的及时发现与控制，更好的提高风险控制水平，同时还可以让供应链上的风险保持可视化特征。云计算、大数据等技术的应用可以更好地打破商业银行对于企业的认知，并基于抵押质押以及信用担保等金融服务提供支持，从而解决金融结构对于企业信用风险的支持，从而构建一个更高效率、更低成本的评价模式。与此同时，大数据的应用可以促使金融机构不断地拓展信贷业务范围，促使更多的中小企业获得融资支持，从而解决大多数企业的经营发展瓶颈性问题。

在平台化与生态化的持续发展的趋势角度上，我国供应链金融成长体系也向着金融业与产业化的方向发展，同时借助平台化的方式实现对跨平台、跨地区以及跨资金等方面的构建,从而实现产业链结合互联网结合金融的运营模式,构建良好的金融生态圈。在"互联网+"背景之下,银行不再属于供应链金融产品和服务的绝对主体,更多的企业可以借助自身的信息优势、资源优势,成为供应链金融产品和服务的供应方。这一种经营模式可以更好地展现线上结合线下的经营模式,借助在线的供应链金融模式提供产品与服务,可以有效地降低交易与融资的成本。促使中小企业的融资效率以及供应链的运行效率得到提升。

第四章 互联网供应链金融的新模式

互联网供应链金融的新模式，不仅仅在于金融模式上的创新，更在于发展和完善金融市场环境，更好地推进供应链金融和产业的可持续发展。将供应链金融模式和互联网平台的有机结合，拓宽中小企业的融资渠道，有效降低其融资成本，提高中小企业的活力，进而提高供应链运转效率。本章分为互联网供应链金融模式的优势、互联网供应链金融模式的分类两个部分。主要包括：互联网供应链金融模式具有的覆盖面广、融资效率高等优势，传统供应链金融模式，互联网供应链金融模式等内容。

第一节 互联网供应链金融模式的优势

一、覆盖面广

传统供应链金融融资中，更多的是各种资产的抵押或者质押，大量的中小企业他们的资产质量和财务水准，会使的他们在这种融资模式中处于被动。而互联网＋供应链金融在新技术的支持下，以"数据"为核心，挖掘交易、资金、行为等各种各样的数据。不再以企业的质押物价值为准，这种模式能够覆盖到更多需要融资但资产质量低下的中小企业。同时更多参与方进入供应链融资环节，也会开发出更多供应链融资模式，能够适应不同企业的需求。因为大量中小企业的资金缺口，具有周期短、频率高、资金规模小、需求量大等特点；互联网金融融资具有资金来源丰富、筹集快、审核快、产品期限短、运作灵活等特点，与这些融资需求在期限、利率上可以很好地匹配。

二、融资效率高

如今，互联网上的最大优势就是信息获取高效快捷，互联网和大数据处理技术的出现使部分供应链金融业务环节标准化和自动化。斯坦福管理工程学院的《Financial Flows & Supply Chain Efficiency》报告指出，自动化、智能化的信贷模式将会明显降低融资过程中的交易成本，提高融资过程中的处理速度，降低应收账款的周转期，从而大幅度提升供应链体系的效率，并且能提高透明度。互联网供应链金融通过线上人工智能处理的方式，可以对企业进行秒审核、秒放款，大幅度减少企业申请贷款过程耗费的时间。大数据技术也能减少信息不对称，使得供求双方精准匹配，减少因为筛选、复核造成的资源浪费而导致的低效情况。

三、数据资源丰富

在当前的社会下我们的生活可以说是已经离不开互联网了，从日常便利店的支付，到手机话费充值，再到网上购物，我们生活中的一切信息都被记录进入了各个互联网机构。形成了每个人的数据集合，而且这些数据会一直保存在"云端"服务器中，并不会消失。随着时间的流逝，这些数据日积月累从一个个分散化、碎片化、无序化的数据变成了我们整个人的数据集合。只要利用大数据技术便可以分析、逆推我们的生活，这里蕴藏着巨大的经济价值。

互联网企业拥有海量的数据，这些数据中大多数还没有被挖掘，随着大数据技术的成熟，这些看似无效的数据就会变成最强的生产资源。长期以来，传统金融机构所积累的关于用户的数据仅仅只是资金数据，而互联网金融机构和电商企业获得的确实我们每个人的行为数据，对这些数据进行挖掘，处理不仅仅能得到个人习惯、个人性格、偏好等等，甚至可以预测我们未来的行为。从而针对不同用户建立精确的用户画像，对于供应链金融来说，凭借这些数据就能轻松进行信用评级，满足用户的金融需求。

四、互联网供应链金融与传统供应链金融对比

互联网供应链金融与传统供应链金融具有明显的区别，如表 4-1 所示。

表 4-1　互联网供应链金融与传统供应链金融对比

比较项目	互联网供应链金融	传统供应链金融
参与主体	电商平台、P2P 平台、银行、物流企业、融资企业、担保公司	银行、核心企业、物流企业、融资企业
授信条件	以数据为主、也有资产抵押	需要抵押或者担保
融资效率	线上人工智能自动服务	有线下、也有线上
融资额度	单次融资额度小	单次融资额度较大
融资费用	总体成本低	沉没成本较多
融资频率	高	低

比较项目	互联网供应链金融	传统供应链金融
营销模式	线上营销为主	以核心企业为中心营销
风险预警	可以实时监控预警	难度大
风控难度	较大	较低

在以往的供应链金融形态中，银行往往在选择投资标的时更倾向于资本规模大，拥有较强还款能力且信用评估良好的大型企业，中小企业资信状况较差，风控能力不足，资产规模小，没有健全的财务监督管理制度，缺乏足够的可质押资产，为了尽可能地减少银行呆账坏账，很难从银行获得贷款。即使有国家政策扶持，相对较高的信用风险识别成本造成了银企信用隔阂。

互联网供应链金融出现，中小企业成为机构开展的融资服务的最大最直接受益者，供应链金融通过第三方支付进行信息归集分析将单项不可控风险转化为可控供应链整体风险。处于中间位置的互联网平台连接各环节、累计交易流水数据。金融机构通过对数据的管理分析对中小企业进行贷款融资。统一风控标准的逐渐形成、由人工处理审核简化为信息化集中业务处理和审批流程，使银企联盟终于可以很大程度上消除隔阂，解决信息不对称问题，降低信息处理成本，推动中小企业发展。

供应链金融互联网化后，围绕核心焦点企业的上下游供应商、经销商对核心企业的业务模式没有改变，每个企业依旧要经历产购销三个阶段进行运营，互联网带来的是对企业综合信息收集处理及数据分享方面的便捷，比传统风控更有资金安全保障，通过大数据电子商务平台进行快速质押融资或无担保融资，并依据融资企业资信情况确定还款期限和放款额度。

第二节　互联网供应链金融模式的分类

一、传统供应链金融模式

（一）预付账款融资模式

主要是针对企业的采购阶段，涉及上游供应商，下游中小企业，银行和物流企业。中小企业凭借自身是很难向银行借到款，所以需要核心企业承诺会对物资进行回购，这是能够获得贷款的基础，中小下游企业以能够控制的提货权向银行抵押获得融资的方式，在这其中物流企业对其抵押物进行评估和监督。在这种融资模式下，中小企业解决了因为需要一次性支付应付账款带来的资金压力,通过银行的资金帮助批量付款和分期提货,且有银行指定的仓库存储,在一定程度上信贷风险发生概率会大大降低。这种模式的流程如图 4-1 所示。

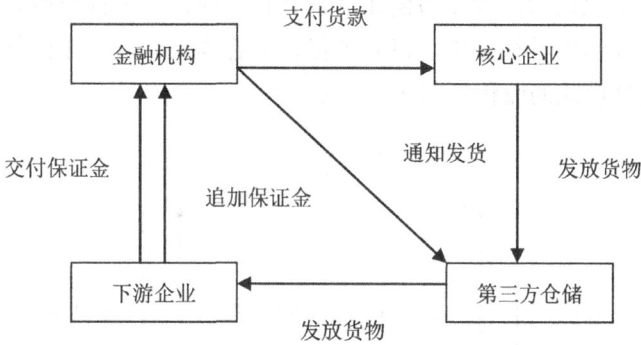

图 4-1　预付账款融资模式流程

(二) 存货抵押融资模式

这种模式就是企业将自己的存货,包括原材料和成品抵押给银行等金融机构获得融资,并且有核心企业为其作为担保和物流企业负责监督和货物存储。存货作为动产里面流动性较低的资产,在存货抵押融资的方式下,盘活了企业资产,提高资金周转速度,避免了中小企业因为存货积压而陷入资金困境。出于降低风险的目的,银行会让一些规模大的核心企业为中小企业担保,一旦中小企业无法按时偿还借款,就由核心企业代替还款或者回购抵押的存货物资。这种模式的流程如图 4-2 所示。

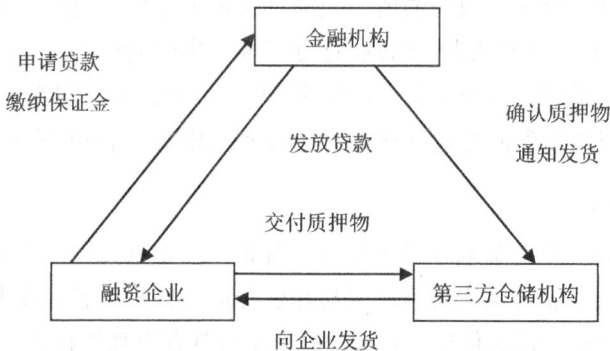

图 4-2　存货抵押融资模式流程

（三）应收账款融资模式

这种模式通常发生在销售阶段，核心企业在这种情况下，是作为担保者的角色，为融资企业违约或者无力偿还贷款时替其向银行进行偿债。中小企业和核心企业在长期的贸易往来中，建立了优良的合作关系，这是银行控制信贷风险的基础。这种模式的流程如图 4-3 所示。

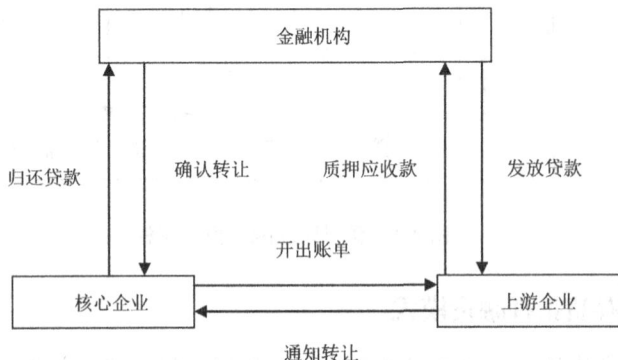

图 4-3   应收账款融资模式的流程

二、互联网供应链金融模式

（一）电商主导模式

1. 模式概述

电商通过网络将买卖双方的所有交易都实现电子化。电商企业为提升管理能力和竞争力，通过掌握的大量信息，逐渐形成了供应链体系。在互联网背景下，电商建立互联网供应链金融平台，凭借其在商流、信息流、物流等方面的优势，为供应链企业提供担保或者通过自有资金为企业融资，并从中获益。

2. 模式特点

电商主导的供应链金融有以下特点：首先，因为电商平台的交易属性，能够方便快速地获取整合供应链内部交易和资金流等核心信息，成为电商平台切入供应链金融领域的最大优势；其次，电商平台具有很强的科技、信息化属性，在交易数据的价值挖掘上优于传统企业。由于电商平台积累了大量真实的交易数据，通过不断积累和挖掘交易行为数据，分析、归纳借款人的经营与信用特征，通过云计算和大数据相关技术，电商平台可以做到合理的风险定价和风险控制。

3. 模式实践

电商平台能够开展供应链金融服务并不能获得政策银行贷款牌照，而是通过申请小额贷款资格，利用平台拥有大量企业交易行为和交易数据的优势，运用自由资金为企业进行融资服务，涉及这类业务的公司有阿里巴巴、京东和苏宁等。电商自营线上供应链金融模式的特点有：能适应中小微企业融资"短小频急"的需求；电商平台积累了客户信用和风险信息资源，可以提供从信息安全管理、运行模式到支付体系都比较完备的服务，基于供应商在支付、物流上的交易数据信息，电商提供抵押担保；盈利来源广，有利息、佣金、管理费等；电商风险监管基于自身平台。

企业商户在电商平台的注册交易信息可以作为信用评价标准，这降低了信息不对称风险和信息获取成本，后期对贷后偿还进行监控以达到控制违约风险的目标。电商模式形成了自己的风险控制标准，就是利用数据模型的方法对客户信用进行分析，并且把海关、货运等第三方信息纳入评价内容中。

但持有小额贷款牌照的电商平台并不能为中小微企业发放大额贷款，除大型电商平台外，放贷资金可能面临不足的问题，不能获取企业的金融信息资源，部分贷款项目限制于固定地区，税收负担也较重。

（二）核心企业主导模式

1. 模式概述

核心企业作为供应链中的主导企业，其发展影响整个供应链。核心企业为了促进与之相关的上下游及行业的发展，利用其多年积累的客户资源和上下游企业经营信息，通过设立保理公司、融资租赁公司、小额贷款公司等互联网供应链公司向上下游企业提供融资服务。核心企业深耕产业链，对上下游企业充分了解，为中小企业提供在线高效的融资服务。

2. 模式特点

核心企业主导的互联网供应链金融，其供应链规模的大小取决于市场规模的大小，主要特点有如下几个方面：首先，核心企业深耕产业链积累了大量的行业经验及大量真实交易关系数据，因信息不对称性相对较弱，使得其在开展供应链金融服务的精准度、效率层面更高，成本更低；其次，凭借多年的行业经验和资源，核心企业对上下游企业的经营状况有充分的了解，进而有能力降低初期的风险定价和风控成本;最后,核心企业在资金受限的情况下,可以吸引商业银行或 P2P 平台等多元化的资金来源。核心企业在互联网背景下的供应链金融业务,稳固自身产业链的同时实现与上下游中小企业的共赢。

3.实践案例——海尔互联网供应链金融模式

(1)"海融易"——P2P 理财对上下游企业提供融资服务

"海融易"是海尔 2014 年年底成立的互联网投资理财平台。通过 P2P 理财的方式将投资者的资金集合起来为供应链中的企业提供融资服务。海尔为企业的融资提供授信服务,并对企业进行专门的风控管理。运行流程如图4-4所示。

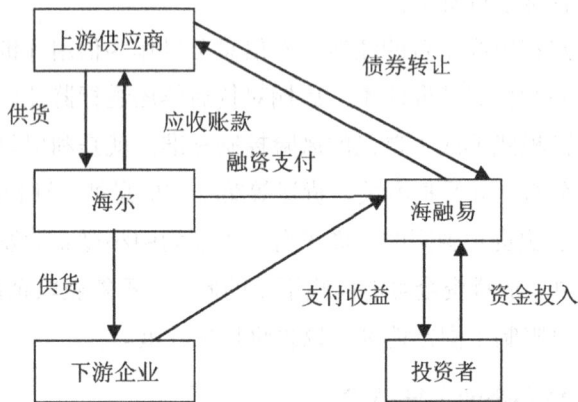

图 4-4 海尔集团"海融易"运行流程

海尔上游供应商将货物销售给海尔集团。上游供应商通过应收账款凭证在"海融易"申请贷款。"海融易"平台将投资者的资金放款给供应商。海尔向下游企业供货。应收账款到期后,由下游企业付款。"海融易"将投资本金及收益返还给投资人。

(2)"采购自由贷"——银企合作对上下游企业提供融资服务

海尔建立对下游经销商采购的日日顺平台,实现其下游经销商的在线批量采购。在线上销售业务完善后,通过互联网打通上下游的供应链。随后海尔与金融机构合作推出互联网供应链金融平台"采购自由贷",为海尔日日顺平台企业提供授信融资等金融服务,流程如图 4-5 所示。

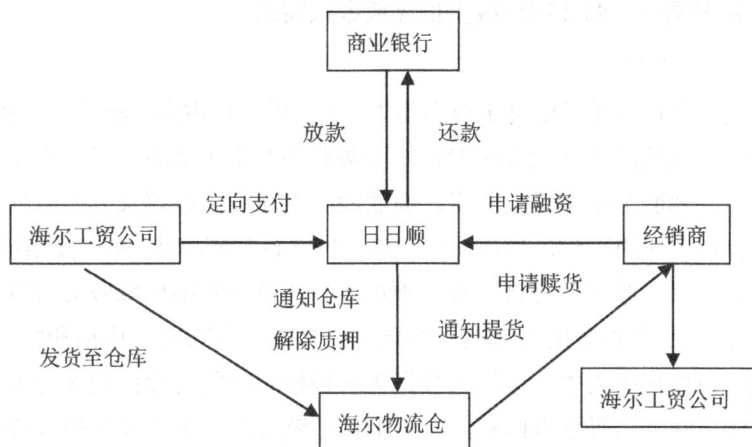

图 4-5　海尔采购自由贷业务流程

经销商在海尔日日顺采购商品，平台将采购信息发送至海尔工贸公司。海尔供应链金融平台将经销商的融资申请发送给银行。商业银行审核通过后发放贷款。日日顺将资金划拨至其对应的工贸公司。工贸公司收到货款后，将货物发送至指定仓库。经销商商品销售后，在日日顺发赎货申请。平台将客户的申请发送至银行，企业进行在线还款赎货，并向供应链平台发送商品释放指令。物流方收到商品释放指令后，对经销商释放对应的商品。

（三）金融资本主导模式

1. 模式概述

这种模式以商业银行为主，商业银行设计融资方案并提供资金支持。商业银行与客户企业的地位较为平等，商业银行有权选择符合条件的客户企业，客户企业也有权选择融资利率更低的商业银行。因此需要银行不断地进行金融创新，在互联网供应链金融模式下，商业银行建立了互联网供应链金融平台，为企业提供在线融资服务，增加了利润来源的方式，提升了核心竞争力。

2. 模式特点

商业银行主导模式有以下特点：首先，商业银行最明显的特点在于其具有稳定、低成本、大规模获取资金的能力，积累了丰富的客户资源；其次，商业银行有丰富的风险管理经验，风险控制能力强，可以提供跨行业供应链金融服务；最后，商业银行众多的经营网点和专业的供应链金融人才，可以提供专业性的金融服务确保了商业银行可以覆盖到供应链中的各个层次。

3. 实践案例——商业银行线上供应链金融模式

（1）模式特点

商业银行在传统模式中是主要参与人，线上模式也占据了极其重要的地位。一方面，迅速成长的互联网金融对传统金融业务产生了威胁；另一方面，商业银行为了更好地服务中小企业融资。商业线上供应链金融模式分为两种，一是银行依靠自身主导的平台，二是通过与第三方平台共同搭建供应链金融业务。

①银行主导的线上供应链金融：不再因为传统模式中地域服务而限制，银行基于自有资金，将线下业务搬到了线上，通过线上授信、线上申请和线上放贷，以信息平台数据抵押为主，运用大数据等科技控制风险与合作企业的进货销售网、物流服务网、信息管理网相结合，把供应链金融业务中多样的核心要素整理汇合到一起，对于客户在交易、结算、融资等多方面的要求就能很好地满足，这类模式下银行通常建立了自己的电子供应链金融平台，也就是 3.0 供应链金融模式。

②与第三方平台合作建立供应链金融业务：该模式是由银行自身建立供应链平台，或与第三方电子商务平台连接，推出在线供应链金融服务，资金来源依然是银行；在央行在放贷利率的限制下，商业银行需要转变传统供应链金融业务思维，对接合作了第三方平台合作，构建全新的线上供应链金融服务平台，对渠道来源进行改进，与企业产业链展开合作，提供融资、监管等多方面的服务；依赖第三方平台客户信息的积累和银行线上平台审批，降低了风险也减少了信息成本。

（2）典型案例

平安银行橙 e 平台：供应链金融 3.0 的典型代表，"电子商务＋互联网金融"的电子商务云服务平台。与物流企业和第三方信息平台合作，对于中小企业使用系统实行零收费。通过橙 e 平台的系统，上下游中小企业的贸易信息实现线上化协同，包括贸易订单、运单和收单，并且能在物流、结算等一系列商务服务中享受便捷式待遇。

（3）模式优劣分析

银行主导和基于第三方平台的线上供应链金融模式优劣势分析如表 4-2 所示。

表 4-2　商业银行线上供应链金融优劣势分析

分类	银行主导	基于第三方平台
优势	银行自身对客户金融信息的把控，能精准地选择优质核心企业，扩大客户资源；线上供应链金融把实体产业和金融服务结合，一方面控制了成本，借助电子作业平台实现信息的整合与高效传递，提高服务效率，另一方面信息的可视化、交易流程的在线跟踪能够保证各交易主体交易行为以及相关信息的真实性，银行和企业经常发生的信息不对问题也能得到一定的解决	这种模式结合了银行在融资流程上的熟悉和风险控制优势，更加专业化的服务中小企业，第三方平台拥有的客户交易信息数据又可以预测市场行情；平台能将企业的金融信用与电子商务信用相互补充，共同作为银行授信考察的对象，银行的风险控制系统也因此被完善
劣势	线上客户多为中小企业，规模小，若确实足够的信息支撑，风险控制技术较低，容易导致违约风险	第三方平台可能会对客户信息资源进行隐瞒，因此容易引发欺诈风险；银行自身打造的平台投入大量人力和资金，但全部依赖第三方平台会不利于对非金融产品风险的把控

（四）供应链服务商主导模式

1. 模式概述

供应链服务商集合了商务、物流、结算、资金等要素，通过对信息全方位的掌控，专注于为各类企业、客户、增值服务商、商店和消费者提供有竞争力的供应链解决方案。在互联网背景下，传统的供应链服务商建立互联网供应链平台，为合作企业客户提供在线存货融资的资金代付服务，在一站式供应链管理服务的基础上开展金融业务，扩充了盈利来源。

2. 模式特点

供应链服务商主导的互联网供应链金融一般有如下特点：首先，独特的角色定位，供应链服务商不参与具体的产品生产、流通和销售，但是其业务贯穿产品生产销售的全过程，负责供应链中企业的非核心业务外包工作。凭借其多年和客户的紧密合作，降低信息收集的成本，提高了信息的对称性。其次，对供应链中企业的监控力较强，企业在其互联网供应链金融平台申请的融资，除平台对企业信用、经营和订单情况的审核进行风控评估、控制外，还可以以物流服务为基础，对企业货物的运输和存储行为做到及时的监控和反馈。

3. 实践案例——怡亚通互联网供应链金融模式

（1）宇商有财——线上网贷形式为上下游提供融资

宇商有财平台基于怡亚通公司，面向全国垂直细分行业提供专业的供应链综合服务。平台顺应国家宏观政策,大力发展产业链金融产品和服务。围绕怡亚通公司商业模式,依托产业链的核心企业,开展仓单质押贷款、应收账款融资、票据贴现等各种形式的供应链金融业务,有效满足企业融资需求。

宇商有财供应链金融业务流程如图 4-6 所示,投资者通过宇商有财平台购买投资产品,平台获得借款本金。平台会将借款本金转入第三方资金托管平台厦门银行,保障投资者的资金安全。需要融资的企业向宇商有财平台提交申请,平台按照线上和线下严格考察,实现线上线下双重保障。企业进行严格考察并通过后,将借款本金提供给企业。资金回流后,宇商有财平台对投资者还本付息。

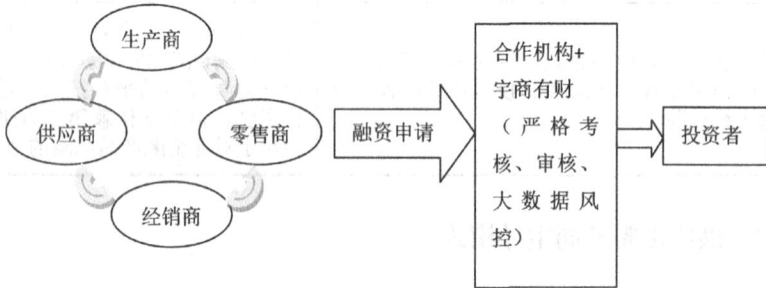

图 4-6　宇商有财供应链金融业务流程

（2）"星链"——构建完善的供应链生态圈

"星链"是怡亚通建立的针对流通流域的互联网供应链金融服务平台。以"星链"为核心的互联网供应链金融平台,将供应链中的企业紧密联合,力图打造共享型的流通经济。在供应链大数据技术的配合下,流通领域的效率得以大幅提升。如图 4-7 所示怡亚通"星链"互联网供应链生态圈,目前,怡亚通发布了星链云商、星链云店、星链钱包和星链生活等多款供应链金融产品,帮助供应链中的每个企业顺利进行生产营销活动。

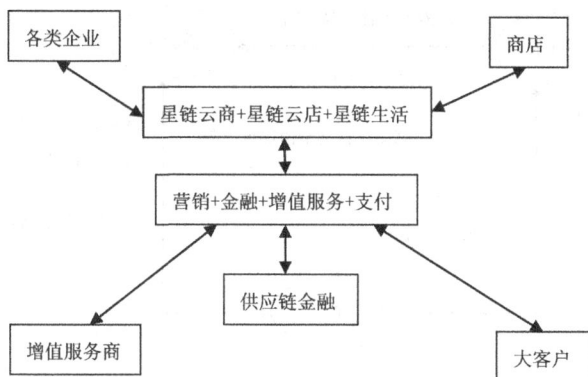

图 4-7　怡亚通"星链"互联网供应链生态圈

三、案例分析——京东互联网供应链金融模式

（一）京东供应链金融模式及运行机制

1. "京保贝"模式

"京保贝"模式的服务主体是与平台有持续 90 天以上交易记录的供应商。这种模式的放贷资金全部由京东自有资金作为支撑。京东将前期阶段与商行合作所积累的数据和平台多年经营所沉淀的关于链条前端主体的财务、采购数据进行了融合，汇聚成一个具有海量数据的数据池，从而形成平台的风控体系和授信系统的基础。有资金需求的供应商登录平台，通过平台指示进行操作，该数据系统通过智能化分析自行给出一个授信额度上限，供应商根据自身条件在上限内确定具体的授信数额上交给平台。仅在 180 秒之内，后台系统就能够达到详审批、严风控、秒放款的效果，并且随着时间的推移，平台积累关于各类授信企业的信息会越来越多，数据库也会随之进行更新和调整，从而实现对于相同主体进行动态审批。

"京保贝"的还款期限为 3 个月，年化利率为 10%，与商行使用资金成本大致接近，与其他同类平台阿里相比，年利率更低，大约低 8%。与 P2P 平台相比，京东年利率更低，两者相差约 10%，由此可看出京东成本更低。其具体的运行机制如图 4-8 所示。

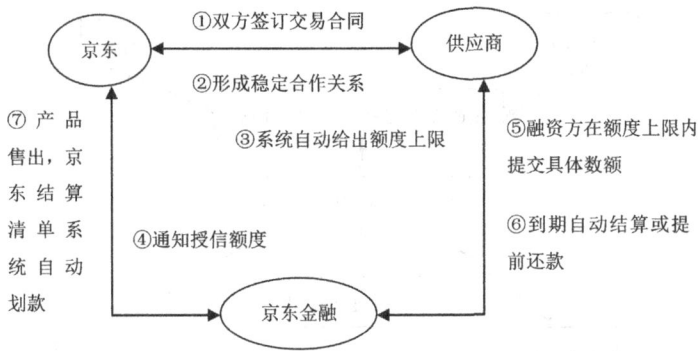

图 4-8　京东"京保贝"运作流程图

①平台与链条上游企业达成合作，双方签订协议。

②双方形成具有稳定的贸易往来，平台形成良好的合作记录。

③链条上游供应商与平台签订借贷合同，系统自动生成放款上限。

④平台将已生成的放贷额度报告给京东。

⑤融资主体线上提交额度内的具体融资数额。

⑥后台系统自行审核并在 180 秒内实现资金到账。

⑦京东售出相应产品后，向京东金融递交结算单据，系统自动实现款项转移，自此交易完成。

由上述运行机制可以看出，这种模式给予了融资主体很大的选择空间，极具灵活性，并且通过简单便捷的线上操作即可实现整个借贷流程，该过程中并未启用任何人工审批，全程系统自动放贷，节约成本又高效；并且该系统凭借自身数据库建立了信用名单，实现了弹性授信，对于信用好的供应商额度自然就高，反之则相反，提升了回款率。在还款方式的选择上平台也给予了供应商很大的方便，供应商既可选择将自身应收账进行抵扣，又可选择分期付款。

2. "京小贷"模式

"京小贷"的服务主体是与京东商城具有长期稳定合作关系且产品销售量较高的商家。商城商家有融资需求时只需向平台提交商铺信息，平台数据库就会通过自身建立的海量数据库和授信评估模型，自动给出授信额度上限，这个上限最高为 500 万，而融资年化利率仅为 12%。在该种模式下，又根据商家差异开发了三种业务，分别是提前收款、信用贷、订单贷。提前收款可缓解已发货但未收到货款商户的资金压力。通过信用贷，系统中信用记录良好的商户可仅凭信用无须抵押就获得贷款资金。对于存在大量在途订单的企业来说，可通过订单贷缓解自身资金压力。其具体的运行机制如图 4-9 所示。

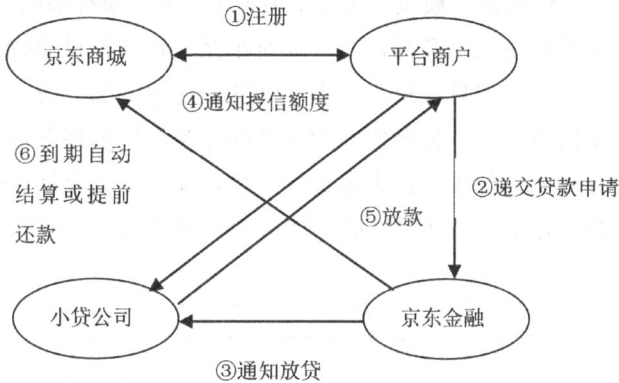

图 4-9 京东"京小贷"业务流程图

①融资方达到注册标准。

②平台非自营商户线上递交贷款申请。

③平台从京东商城调取非自营商户的经营数据，其中涵盖销售量、店铺评价、营业利润等多项内容，得到相关数据后用自身建立的授信模型进行评估，给出融资额度上限。

④商家登录平台自行查看系统给出的额度，并按照指示进入下一流程等待系统进一步审查、核实。

⑤平台将商城卖家贷款申请及额度报告给京东商城后，给商城卖家放款。

⑥后台系统自行审核并在 180 秒内实现资金到账。

⑦商户融资偿还贷款可灵活选择，即可选择定期偿还又可主动偿还。

由上述运行机制可以看出，对于商城中资信良好的商户可通过"京小贷"模式实现无抵押贷款。这些商家依托自身日常运营的数据和良好资信条件赢得了平台对它们的认可，缓解了链条内部小微主体的资金压力。另外，该模式还实现了 IT 技术及大数据技术的充分融合，贷款商户登录平台选择进入京小贷，按照提示流程填写提交相关信息，即可享受全自动放贷流程既快捷又高效。

3. 动产融资"云仓京融"模式

京东在供应链金融业务上一直保持着初心，旨在满足处于生产、流通、消费等活动场景中广泛的融资需求。因此，在平台供应链金融业务服务范围上也不断地纳入新的主体。而动产融资模式与上述两种模式不同，它将服务范围拓展至全网，不再局限在平台所在供应链条内部。除了服务对象上的改变，在融资模式上也做出了很大的突破。一方面，它与数据公司达成合作，建立了一个区别于传统的质物价值估算模型，在这个模型下，充当质押品的门槛大大降低，不要求必须是标准化的大宗商品，它可以对小微主体所提供质物的历史价格、现行价格、波动范围等信息计算出一个准确的质押率。另一方面，它与第三方仓储、运输公司达成合作，将融资企业提交的充当质物的库存商品放入第三方仓库，让第三方对质物位置，形态等进行监控，如有不妥立即向平台报告，实现了对抵押物的动态掌握。其具体的运作机制如图4-10所示。

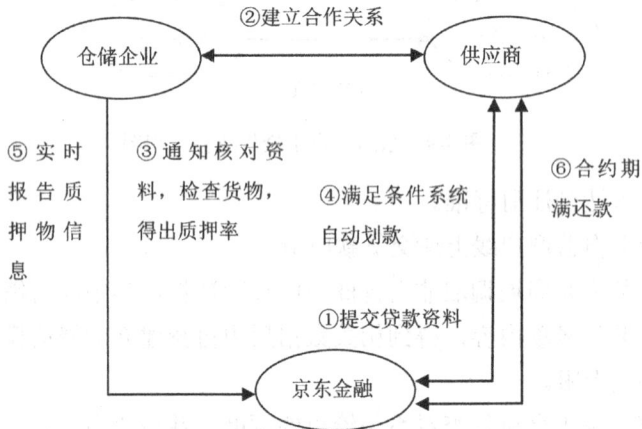

图4-10　"云仓京融"的信贷流程

①融资方向平台递交贷款申请、自身征信资料、相关证书等，并明确表示对第三方仓储公司合作意向。

②平台系统表示对递交的相关资料的认可后，商户将自己的库存存放到平台指定的仓储公司。

③平台联系货物存放的第三方仓库对所提交货物进行检查，与此同时平台利用所建立的估值模型，得出质押率。

④第三方仓储公司确定所提交质物满足条件后，平台与融资方签订借款协议，将款项打入融资方账户。

⑤在合约期满前，由第三方仓储公司负责融资主体的货物存储和运输，与此同时，当质物状态发生改变时，由第三方公司向京东及时报告，京东更新自身的数据库。

⑥合约期满，融资方通过平台自建的支付平台进行还款。

由上述运行机制可以看出，平台依托自身已掌握的库存数据，建立了系统规范的质押物估值模型，从而得出合理的质押率。并且系统将每个商品设置了唯一的计量单位，突破了传统质押模式下的诸多限制，在整个估值过程中能够快速获得更精准的计量结果。另外，平台与第三方仓储公司的合作，实现了对质物的实时监控，值得指出的是，这种监控并不是不变的，而是动态调整的，平台允许融资方在还款前出售抵押物，自身只需随之调整质押清单即可，这样一来平台巧妙地化解了传统模式下，企业不能出售质物，但又必须通过销售商品获得还款资金的矛盾。

4. 其他融资模式分析

（1）京东快银

京东快银是京东针对经营时间超过一年且信用良好的纳税企业法人开发的流动资金信贷模式。在这种模式下，平台在贷款额度和资金偿还期限上都给予了较大的选择空间。在贷款额度上，底线为100元人民币，额度上限由于企业间信用等级不同给出的上限也不尽相同，但最高不超过100万。在资金使用期限上可分为30天、90天、180天。如果企业超出还款期限，平台有权在合约利率水平上再额外收取0.5倍的贷款利率。整体上看，该模式实现了企业线上全程自助缴纳税款，方便快捷，随贷随用，随借随还。

（2）电子订单消费者融资模式

电子订单消费者融资模式是京东将供应链金融服务范围拓展至链条末端消费者的一种融资模式。这个融资模式的顺利运行是依托京东白条这个核心来实现的。京东白条将商城卖家、商城用户及京东旗下小贷公司链接起来，帮助消费者获得融资，实现提前消费。这种模式以京东是否垫付资金为划分标准，可分为两种具体的情形。一种是消费者选择分期付款的期限在30天以内，平台就无须向供应商垫付资金，因为为京东供货的商家与京东的资金结算期为60天，如果消费者的还款期限不超过两个月，平台就无须垫付。另一种是消费者分期期限超过60天，这种情况平台则需要垫付。其具体的运作机制如图4-11所示。

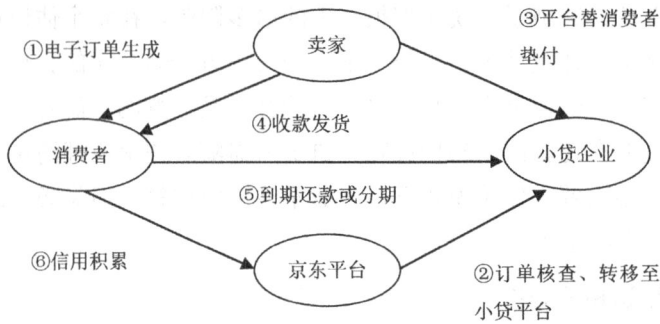

图 4-11　电子订单买方（消费者）融资流程

在这种消费者融资模式下，消费者即可选择 3 天内免息还本金又可选择按月偿还固定金额，如果消费者逾期不能偿还时，京东有权向消费者收取 0.05% 的违约费。另外，京东白条对消费者使用该种融资模式的场景做出了限定，白条不支持消费者在京东自营店或指定商品之外使用。在消费者授信额度上，平台会根据消费者在商城的交易记录、偿还状况及第三方数据的变化进行动态数据更新，评估结果好的消费者将会获得更高的使用额度。这样一来，既有利于满足消费者提前购物的需求，引领消费升级，又降低了平台信贷风险，增加了平台的销售数量和收入。

（二）京东供应链金融模式特点

1. 服务对象多元化

根据上述几种模式分析，可以看到京东在供应链金融服务对象覆盖范围上是在不断拓宽的。针对链条上游产品供应商缓解采购原材料压力的融资模式，又逐步拓宽到针对商城非自营商户设计的信用贷款模式。随后又将下游消费者纳入服务范围，帮助消费者实现提前消费。并且伴随着平台供应链金融不断发展，细分化趋势也愈加明显，面临不同的支付场景设计出更多的特色化融资模式，如帮助纳税企业舒缓缴税压力，帮助采购企业缓解采购资金压力。目前京东业务范围已涉及物流、融资、零售等多个行业，并且伴随着京东集团业务领域的不断拓宽，供应链金融的服务对象多元化的趋势会愈发凸显。

2. 融资流程方便快捷

京东供应链金融平台将链条内外的小微主体进行了层次划分，根据不同主体的特点开发设计了极具个性化的融资模式。各类模式依托平台自身汇聚的海量数据池、授信评估系统及智能化风控体系，达到了各类融资主体从提交贷款申请至资金到账的全程线上化，与传统商行主导的融资模式相比，既无大量的人力资源投入节省了成本，又无繁琐冗杂的审批过程，帮助急需资金的借方实现详审批、严风控、秒到账。同时平台在还款方式、还款期限、授信额度等方面更是给予了借方很大的选择空间，借方即可选择定期结算又可选择主动偿还，借款期限可长可短，授信额度动态更新，借方可根据自身经营条件灵活掌握、自助选择。

3. 风控机制完备

首先，在贷前环节，平台所设计金融产品大多涉及供应链条内部的各类主体，京东作为链条内部的核心节点，详细了解链条内部企业的具体贸易状况、运行状况及财务信息，这就突破了小微主体因信息披露不充分而导致授信难的瓶颈。同时，当企业提交贷款申请时，要附带企业详细资料，让平台能够与现有数据库结合进行深度分析，形成贷前首道防线。同时，京东可依托自建物流体系，调取关于企业运输货物的类型、数量、金额等重要信息，避免借方为获取资金而伪造仓单的行为。

其次，在贷中环节，京东依托多年经营所沉淀的数据库，与大数据技术结合建立了智能化线上自动核准系统，成为平台划分各类链条企业信用等级，制定科学合理融资额度的杀手锏。对每个借方来说，可轻而易举地实现科学、合理、精准授信，减少借方因所获额度与偿还能力错位而产生的信贷风险。

最后，在贷后环节，平台创建了相对完善的资金回笼机制，平台会根据自身数据库信息的动态更新升级结果，及时调整融资额度上限，在特殊情况下也可以通知企业提前偿还款项。

4. 融资成本低

平台为各类融资模式下的借方提供了良好的利率，与其他网贷平台高于20%的年利率相比，平台为链条内部企业提供的年化利率上限不会突破24%，京保贝、京小贷模式下，由于授信主体信用等级不同，因此为借方所提供的利率大致处于12%～14%，与传统银行信贷利率接近。另外，平台为方便借方还款，达到线上既点既还的效果，利息可按日结算，进而帮助处于短期资金流动性匮乏的企业走出困境。平台能够给出如此良好又透明的利率主要得益于自身的核心地位，在多年经营中平台积攒了海量企业采购、生产、销售数据，并对每笔交易进行了详细的记录，依托这些数据源建立的后台系统能够轻松处理每笔贷款申请，降低违约率，因此京东完全有资本提供良好的利率政策。

（三）京东供应链金融模式的成效

1. 缩短结算账期——提高资金运营效率

京东的供应链金融模式不仅可以创新性增加小微企业吸收资金的手段，还可以降低对小微主体赢得授信的条件标准。由于平台置身于链条内，能够敏锐地探触到链条内各类企业在贸易往来中的资金需求，平台发挥长处可显著减少各类小微主体的结算天数，以此激活它们的库存商品，提升自有资产使用率。相应地，这一业务也推动全社会各类行业供应链的进程。

可以举一个简单的例子来说明，京东接到为之提供零售品的商家 B 发来的货物，在普通情况下，这批货背后与之相对的结算款项要被京东占用约 30 天。而这对一些小供应商而言，会因这笔款项的缺少无法进行下一步的生产活动，降低了该类产品供应商的产量，减少利润的获得。但是京东所提供的融资模式会妥善处理好这类问题，供应商线上申请融资，只需花费 2 天左右就可以得到部分资金，以弥补所占款项，进入下一环节的投资生产。如果京东不提供这类模式，小微供应商只能因货款占用且又缺乏抵押品，而难以获得银行等外部资金。由此来看，平台为链条内部主体开发供应链融资产品，有利于缩短结行期限，激活流动性资产。

2. 增加利息收入——减轻自身资金压力

从京东成立专业部门投入金融发展大潮的时间节点来看已经相对较晚。为此京东要想成为后起之秀，脱颖而出就必须加大投入，这样一来京东金融所面临的成本问题就愈发严重，对此京东的高层集思广益，想出来了一个好方法：利用其产业链中的中心地位，将产业供应链与金融相结合，将今后发展重点布局在供应链金融身上，但是这一措施的实施初期并没有扭转京东集团多年连亏的局面，通过阅读京东的上市年报，发现 2014 年、2015 年和 2016 年亏损额呈指数型攀升，由第一年亏损近 50 亿元，上升至近 100 亿元，2016 年的亏损更是高达 5.7 亿元，面对这种局面，京东对供应链金融仍坚定不移，好在 2018 年伊始迎来了第一个盈利春天，观察前 3 个月的报表发现京东净利润为正值 2140 万元。这个正值的出现，其供应链金融业务在中间发挥了不可磨灭的作用，因为同期该业务的利息收入高达 5 亿元，可看出京东今后必将该业务作为创新重点。

3. 深化供应商合作关系——构建良好商业生态

对京东而言，京东在电商领域的激烈竞争中利用处于链条中心地位跻身于供应链金融领域，为链条前后端小微主体设计智能化融资模式，既探寻到新的利润增长点，也使得链条内部企业间的合作更具黏性，密切彼此间关系，增加京东对这些主体的可控性，巩固自身链条主导地位。另外，当各类小微主体通过平台提供的模式进行金融借贷时，需要根据平台指示，提交企业在日常经营中所形成的征信资料，与平台的支付平台、合作仓储、数据库建立深度联系，因此它们很难跳脱京东生态圈。对于市场各类小微公司来说，京东通过自身建立的线上自动化供应链融资模式已帮助过 19.3 万小微公司降低融资成本，最高可达融资金额的一半，信贷资金总额高达 4.5 千亿，为市场小微主体赋予了强大的能量。

（四）京东供应链金融模式存在的不足

1. 长账期盈利模式有风险

京东本来凭借自身占据产业链条核心位置，为链条前后端小微主体设计智能化融资模式，帮助小微主体盘活手中应收账，解决了它们的资金压力，但是京东目前又存在着与这一目的相违背的行为。京东一方面通过创新型融资模式帮助供应商缩短账期，一方面又在日常经营中拉长与供应商合同中已签订的结账天数。通过查看京东的年报发现，从 2014 年开始应收账总额一直居于高位，直到 2018 年才有所回落，但降幅不大，仍保持在较高水平。并且通过观察平台金融部门的年报，平台也存在着对产品供应商拉长回流款项时间的行为。本来账期长短就是供应产品商家的命脉，若平台一直凭借拉长账期作为盈利法宝，则会恶化链条内部小微主体的经营环境，加剧流动性匮乏的局面，这就与开发融资模式的初心背道而驰。

2. 支付体系滞后

众所周知，制衡京东在供应链金融领域发展的最大主体是蚂蚁金服。在支付体系的建立上京东与蚂蚁相比可谓相形见绌。因为，通常贷方审核通过后会伴随着大量的款项划拨，这些款项的划拨是通过支付平台来实现的，而在全国范围内甚至在全世界，登录支付宝转款是各类主体的首选，这就使得支付宝所记录的贸易数据更加丰富，并且支付宝对客户的信用评估与商行在一定程度上实现了对接，随着支付宝数据的更新，银行会据此不断修改企业的授信上限，所以这就意味着即使京东严密的风控，来监督各项资金的来龙去脉，但是仍存在大量企业绕过京东支付，形成真空地带。

3. 业务对象范围较窄

通过前文对几类模式的分析，可以看到虽然京东致力于拓宽自身服务主体的涵盖范围，但是仍然受自身自营式电商身份的限制，将服务主体定在了居于链条前端的产品供应企业。即使前述动产融资模式将服务领域成功拓展至全网，但实质上碍于使用该模式的主体数量较少，因此对平台供应链金融业务的影响力还不够。京东之所以将服务主体向产品供应企业倾斜，是因为平台对这类企业的掌控度较高，平台可凭借现有真实交易和海量数据库可形成对这类企业还款能力的科学、合理评价，降低违约率。但随着供应链金融市场参与主体的不断增加，给京东带来的竞争压力就越大。若京东不突破自身服务主体的局限，就会被新兴主体以更优惠的利率政策及更具创新性的融资模式抢占客户及市场份额。

4. 资金来源渠道单一制约发展

现阶段保障平台利用自有资金开展前述融资模式的关键主体是京东旗下创建的小贷公司，由于京东没有获得银行牌照不能吸储，只能通过设立小贷公司为旗下专业金融部门划拨资金，这就容易造成资金供给不足。

另外，小贷公司由于先天不足，一方面受到外部严格的法律法规约束，法律规定公司要想对外提供融资服务，就必须从指定的三个渠道获得资金，这三个渠道分别是自持资金、其他主体捐赠、向商行申请贷款。另一方面，想凭借自身实力进入金融市场获得发展款项，更是机会渺茫。今后伴随着产业供应链条内各企业合作的不断深化，金融平台业务量的激增，若资金补给跟不上将会成为京东发展的一大掣肘。

（五）京东供应链金融模式改进措施

1. 优化技术水平——挖掘新的利润增长点

（1）强化大数据平台处理信息能力

京东开发的针对链条内各类小微主体的融资模式要想在供应链金融市场上长期占一个位高权重的席位，就必须要将当下先进的科技元素植入到融资业务中去，将大数据技术与现有数据库进行深度融合，提高平台处理数据信息的能力，为更广泛客户提供更加安全、可靠、快捷的数据处理方式。另外，平台在保证客户信息安全为基础的前提下，可将多个业务模块如众筹、保险、财富管理等数据系统进行合并升级，这样大数据技术的用武之地就更为宽广，就升级后的数据库进行提炼及深度分析，勾勒各企业间合作的立体视图，进而敏锐地发觉相关企业的金融需求，为平台开发新产品，形成新的利润增长点提供了坚实数据基础。

（2）探索应用区块链技术提升服务广度和精度

京东要想化解金融平台缩短供应商结算期与电商平台拉长供应商结算期的矛盾就需要借助区块链技术来帮忙。因该技术具有数字加密，不能随意更改，链上数据可跨层级追溯等特性，平台凭借这些特性即可轻松治愈之前融资模式中伪造数据资料、信用传递难等顽疾。另外，通过该技术能实现链上跨层级财务账本共享，完成跨层级信息传递，保证数据不可篡改，从根源上杜绝财务数据造假所带来的违约风险。鉴于此，平台可大胆地突破现有的服务范围，将更具精准化、创新化的金融服务辐射到产业链上更末端、更微小的主体身上。

（3）打造低成本高效率智慧物流平台

京东借助所在链条中心位置，将供应链金融网络覆盖到了全链条。旗下物流作为各类链条内主体的交易媒介对贸易顺利完成起着重要的保障作用，它参与到了链条运行的各个环节，从最初的产品投产，到最终完成售卖，都有京东物流的身影。京东可将自身掌握的IT科技与当前发达的"物物联络网"、传感器联络网进行有机结合，打造精准、及时、高效的管理效果，达到自建物流的可控化、科技化、智慧化、网络化。设立先进的物流网，能及时监督、追踪、更新货物信息，对表现出违反常态的货物做到立即冻结，加快风险反应速度。并且打造智能物流能提高仓储规模与运输速度，降低运费，继而对大品牌商形成吸引力。

2.加强资源整合——形成互利共同体

（1）加强与供应链中企业的沟通和联系

链条内部各类企业的沟通联系是不可或缺的。京东作为中心企业，与链条内成员紧密沟通，发挥平台处理数据信息的实力，运用先进管理技术，大胆地突破现有的服务范围，为客户提供更加安全、可靠、快捷的金融借贷方式，将更具精准化、创新化的金融服务辐射到全链条。对于中小企业，与链条内成员紧密沟通，不仅可学习借鉴其他企业的先进管理技术，优化自身管理，还能够为探寻长期稳定、资信良好的贸易协作伙伴提供机遇。

（2）加强与商业银行的合作

京东的供应链金融平台业务虽已跳脱银行资金的束缚，但是面对资金补给不足应积极思考如何与商行的达成新合作，发挥新型平台与传统机构的共同优势，协同开发创新型、共享型融资模式，形成相互分担风险、共同分享利息收入的共同体。两者新型合作关系的共建可从以下两方面切入：一是联通信息数据系统。京东将平台多年集成的数据池对商行开放，这样商行就可以弥补在小微主体信用评级上的短板，得到真实商贸记录、仓储信息等。二是实现授信系统的联动，在平台开放数据池的同时商行也把它的授信系统对接到京东平台，这样京东就可给现有客户划定更为精细的信用等级，将给予客户的融资额上限与商行相挂钩，继而收获更动态灵活的授信体系。

（3）加强与保险公司合作

加强与保险公司合作，首先可将保险公司引入自身风控体系中，为贷出资金投保，客户在申请贷款时，也同时向保险公司申请保险服务，降低因链条各类小微成员融资造成的贷款风险和相关成本，减少平台资金压力，合理补足资金来源。一旦有偿款风险事件造成违约，保险保障就会启动，最大程度上填补平台损失。其次，可以与保险公司协同开发"保险＋融资"新产品，有效推动各类融资模式覆盖范围的扩大，实现跨界融合。

3. 优化支付体系——提高支付市场占有份额

（1）支付方式向个性化、多元化发展

京东虽有自己的支付平台体系，但我们能清晰看到该支付平台并不是多数企业划拨款项的首选，它与行业龙头的支付工具比在市场规模、沉淀客户数量等多方面上存在不足，相差甚远。为此京东应致力于优化支付体系，提高名气，增加支付 APP 的使用场景，继而吸引并沉淀更多企业用户，这样就会缩减京东在风控方面的真空地带，实现监管良性循环。另外，平台应随着支付环境的变化来开发设计支撑不同环境使用的多元支付方式，让支付工具去贴合用户诉求，做到个性元素与多元化主体融合。

（2）支付功能要向一体化、深度化发展

目前支付 APP 能聚合海量人群共同使用的主要原因就是它完成了生活中多项支付功能的聚合，内容极为丰富。在未来京东应把握好功能丰富与效率高两者的平衡。在丰富支付功能的同时要避免页面操作冗杂，要在单位时间内实现客户诉求的最大满足，这种满足不仅局限在客观支付上的还包括心灵情感上的，开发功能应根据自身积累的数据库深入挖掘，能注重细节，实现纵深发展。

（3）支付 APP 向科技化发展

如今伴随着生物识别技术、AI、AR、VR 等技术的进步，这些技术的应用场景在迅猛增加，手机指纹、人脸扫描这些人类唯一的生理特征代替了较为繁杂的密码输入，与支付领域实现了深度融合。在未来京东可拓宽这些科技元素在支付体系中的植入范围，以更加快捷方便的支付效果吸引更多企业用户，沉淀更多交易数据，增强客户黏度。另外，京东也可巧妙地绕开手机支付领域的激烈竞争，去开拓智能手环、手表、掌上电脑等移动端市场。

4. 转变业务主体——拓宽资金来源渠道

（1）对接商业银行资金

由前文可知，现阶段保障平台利用自有资金开展融资模式的关键主体是京东旗下创建的小贷公司。加之京东没有获得银行牌照不能吸储，只能通过设立小贷公司为旗下金融部划拨资金，鉴于此种情况，京东应巧妙利用自己链条中心主体的身份，发挥资产量庞大、透明化财务、手握多类小微主体贸易信息等长处，在流动性缺乏时向商行递交贷款申请来增加耗费成本较低的流动性。另外，平台应抓住机会积极申请银行牌照，获取吸储资格补充资金来源。

（2）采取资产证券化进行融资

对于增加资金补给源的另一种方式就是平台利用 ABS，把账上质量好但不易流转的资产交给专业券商，让它们将资产进行捆绑打包转卖给手头有闲散资金的投资人，继而增加资金补给。例如京东就曾将"白条"产品所对应的应收类账目交给专业券商华泰制订并销售资管计划，增加了来自应收账的资金补给。值得注意的是，由于平台融资业务面临的大都是使用期限短、紧迫性强、回购率高的金融产品诉求，因此，在打包发售资产过程中应注重流程的简化不能繁杂，筛选过滤参与主体，而避免拉长获取资金补给源的时间。

（3）设立 P2P 网贷平台

京东尝试设立独立的 P2P 平台可在一定程度上弥补因延误获得银行牌照时机所造成的缺陷。依托平台汇聚的海量数据池，发挥大数据平台及区块链技术勾勒出链条从内及外、从高层到底层，从前端到尾端的企业级立体图，并以此为据创新开发设计跨层级、多类型利率优的理财产品，供链条内外各类资金盈余者选择，继而获取利差增加平台资金补给源。

第五章　供应链金融资金来源与风险管控

供应链金融具有巨大的市场潜力和利润可能，要不断扩宽资金来源提高供应链金融的盈利水平，还要积极进行风险管理，不断提升风险管理能力，制定合理的风险防范措施，才能促进供应链金融的持续长久发展。本章分为供应链金融的资金来源、供应链金融的风险来源、供应链金融的风险管控、互联网供应链金融系统的稳定性分析四个部分。主要包括：供应链金融的资金来源于商业银行、融资租赁公司、小贷公司和 P2P 网贷平台四个方面，供应链金融的风险类型、风险分析方法和风险识别，供应链金融风险管理中存在的问题、评价和控制管理策略等内容。

第一节　供应链金融的资金来源

在供应链金融发展初期，参与主体主要为商业银行。然而我们看到，由于商业银行在风控机制和融资门槛方面较为严苛和标准化，难以覆盖海量的中小微企业的个性化和差异化的融资需求。在"互联网＋"浪潮的推动及传统产业转型的大背景下，掌握了大量的客户资源和上下游企业真实交易信息的产业核心企业、电商交易平台和物流企业等各参与方纷纷利用自身优势切入供应链金融服务领域，搭建综合性服务平台。目前，从供应链金融业务参与方的相关模式和案例中看到，开展供应链金融业务的资金来源渠道主要包括商业银行、小贷公司、商业保理、融资租赁、P2P 网贷平台等，可以说供应链金融借助互联网实现资金来源多元化。下面主要以银行资金、融资租赁、小贷公司、P2P 网贷平台为例做相关介绍和分析。

一、供应链金融资金来源分析

（一）商业银行

目前，中国的供应链金融的主要资金来源渠道为商业银行资金。银行本身就是切入供应链金融领域最早且业务量最大的一个参与主体，其他包括产业链内核心企业、物流型核心企业、电商平台型核心企业等纷纷通过对接商业银行的资金来切入供应链金融领域。业内案例有京东、航天信息、海尔等。

通过对接银行资金切入供应链金融领域的劣势在于商业银行每年的贷款额度都是有限的，且产业链上的核心企业的信用优势也不是可以无限延伸的。换句话说，出于风险的考虑，银行给予核心企业的授信额度也是有限的，因此，核心企业通过对接商业银行资金开展供应链金融业务的发展空间也是有限的。

一是结合供应链金融中物流企业、上下游企业以及相关机构的数据库和技术手段，破除原来存在的产业数据壁垒，将信息不对称的负面影响降到最低，缓解信贷配给不科学的问题。

二是商业银行开始建设自己的电商平台，通过自己的电商平台进行引流，跟踪企业在电商平台中的贸易交易数据和行为。但是商业银行在建设电商平台过程中，由于缺乏相关的专业人士和行业经验，也不具备专业电商平台的业务辐射能力和操作灵活性优势，因此还是会存在一些问题。

三是商业银行开始对上下游中小企业提供免费的云服务，中小企业在商业银行的云服务系统进行企业管理，商业银行就可以从这些企业管理和运作过程中生成的数据，将各产业的数据整合，从之前是对该类客户提供传统反复问，进化成信息化的供应链金融服务。

（二）融资租赁公司

我们看到，融资租赁企业可以分别介入融通仓和保兑仓融资模式提供融资服务。直接租赁和售后回租作为供应链金融的重要对接模式，正在成为供应链金融的重要资金渠道入口。直接租赁对于产业链上的中小企业而言实质上是以分期付款的形式购进标的物，对于融资租赁公司而言其本质是一种定向贷款，而售后回租则类似于抵押贷款。因此，融资租赁可以有效地盘活企业资产，缓解企业流动资金压力。业内案例有顺丰速运、广联达、法尔胜等。

融资租赁这一资金渠道的优势在于其经营杠杆较高，目前内资租赁和外资租赁公司都有 10 倍杠杆上限的规定，金融租赁公司杠杆上限可以达到 12.5 倍。

另外我们看到外资租赁、金融租赁的资金成本较低。以外资租赁公司为例，外资租赁公司的优势在于，根据规定可以在租赁公司风险资产与净资产之比小于10倍的空间内，在境外获得低成本债务融资，并可以用于境内的外资租赁公司开展业务，从而扩大利差水平。

融资租赁这一资金渠道的劣势在于牌照的申请，目前，监管部门对其市场准入的要求比较高，内资租赁、金融租赁牌照门槛比较高，申请比较难。

(三) 小贷公司

我们看到，当供应链金融参与主体自身对于融资项目的风险评估能力以及数据对接能力无法被外部如商业银行等资金供给方认可的阶段，且由于各细分化供应链上的中小企业的融资需求具有小额度、多频次及差异化等特点，因而对于商业银行等传统放贷流程是一个挑战，从而导致其只能以自有资金向供应链上有融资需求的中小企业提供融资服务。目前，利用自有资金成立小贷公司来对产业链上下游的中小企业提供融资服务是业内比较常见的做法，业内案例有苏宁小贷、阿里小贷、友阿小贷等。

利用小贷公司来对供应链上下游的中小企业提供融资服务的优势在于贷款利率比较高，规定上限为贷款基准利率的4倍，年化约为15%。小贷公司放贷的业务流程较快且贷款期限灵活。

此种模式的劣势在于利用自有资金成立小贷公司对企业自身的资金要求较高，杠杆率较低，目前政策规定，转贷比例不超过小贷公司资本金的一半。因此，有限的自有资金限制了参与主体的供应链融资业务开展的体量，未来随着融资业务规模的不断扩大，企业必须要从外部渠道获取资金以满足业务的发展需求。

(四) P2P 网贷平台

供应链金融参与主体通过对接 P2P 网贷平台或者自身成立 P2P 网贷平台来获取资金是目前供应链金融领域发展的一大趋势。通过 P2P 网贷平台对接有融资需求的上下游中小企业和有投资理财需求的个人投资者，既解决了自身和外部产业链上的中小企业群体的融资需求，也赚取了利差。

通过成立或对接 P2P 网贷平台获取资金这一模式的优点在于 P2P 网贷平台相较商业银行的审核及放贷的周期要快得多，可以根据企业差异化、个性化的融资需求进行融资产品和服务的定制化设计，且不存在资金的杠杆天花板的限制。

这一模式的劣势在于对公司运营能力、技术能力和风控能力要求较高，前期需要投入大量的人力、财力等资源。

我们看到，在多元化的供应链金融资金来源渠道上，各个来源都有各自的优势和局限性，比较好的融资渠道有融资租赁、商业保理及 P2P 网贷平台资金来源渠道。融资租赁和商业保理是目前发展最快的非银行子板块，优势在于政策上规范与支持，以及在外资、银行资金利用上的优势，10 倍以上的经营杠杆倍数具有明显的优势；P2P 网贷平台的优势在于不存在资金的杠杆天花板的限制，在风险可控的前提下，只要有利益，总有资金参与。

P2P 网贷早已进入万亿时代，但随着网贷行业迅猛发展，更多的问题开始暴露，比如同质化竞争严重、利润率下降、平台资产不合规、平台集中暴雷和跑路等，在 P2P 网贷这片红海市场中，桎梏其发展的最核心问题已经不仅仅是资金荒，如何获取优质资产、如何在贷前、贷中和贷后实施科学严谨的风控，是成为平台是否有潜力和资质去可持续发展的关键因素。

基于这样的背景，不少 P2P 网贷平台逐步开始青睐供应链的资产类型，增加或转型开始发展供应链金融业务。P2P 网贷平台的供应链金融服务，能够通过依托产业链核心企业产生的真实贸易交易背景下，将单家企业不可控的信用风险转化为供应链金融体系整体可控的风险，也同时基于资产端、资金端和风控角度实现 P2P 网贷平台运营风险的有效控制。随着业务的拓展和转型提升，越来越多的网贷平台开始融入供应链金融，供应链金融的安全系数较高，具备可观的发展空间，是网贷平台存续和发展转型的很好选择。

P2P 网贷平台的供应链金融模式主要类型有两种，第一种是通过与大型核心企业合作，开展针对上游供应商的应收账款服务；第二种主要是通过与保理公司合作，由保理公司实现债权转让。

P2P 网贷平台开展供应链金融的优势主要有三点。

第一，基于互联网的 P2P 网贷平台在信息处理整合、贷款审批和运作效率都高于传统金融机构，其对企业的融资要求和门槛也极大地低于传统金融机构，能够切实的起到普惠金融的作用。

第二，P2P 网贷平台体量相比传统金融机构更小，能够更灵活和及时的针对市场需求提供服务，无论是针对贷款人和投资人，比传统金融机构提供的服务和效率都具备更大的优势，且其资金来源和风险偏好更多元化，也可以实现更多的个性化需求服务。众所周知，商业银行虽然利率水平较低，但同时也对中小型企业的资质有更高的要求，商业银行的融资门槛也将大部分中小企业的融资需求拒之门外，因此，P2P 网贷平台更宽泛的利率空间、更灵活的操作体系给不同风险偏好和资质的企业及个人带来传统金融机构难以提供和覆盖到的金融服务。

第三，P2P 网贷平台的线上投资人偏好更短期，操作更灵活和快捷的投资理财产品，供应链金融涵盖的资产标的风险可控性高，并且有较高的周转率（应收账款、预付账款和存货都属于短期资产），P2P 网贷平台可以通过合理的包装将这类资产设计成满足更多投资人需求的短期产品，且其收益率也具备显著优势。

二、案例分析——京东供应链金融资金来源

（一）资金来源多样化

传统供应链金融一般以银行信贷为主要资金来源，核心企业负责为上下游企业提供一定的担保和经营状况的证明，这种模式覆盖面比较小，很依赖于银行的贷款政策，因为放贷的决策权是在银行手里。而京东金融的资金来源比较多样化，除了银行授信，还有自己旗下金融公司的资本金、资产证券化所募集到的资金和京东理财平台提供的理财金，如图 5-1 所示。

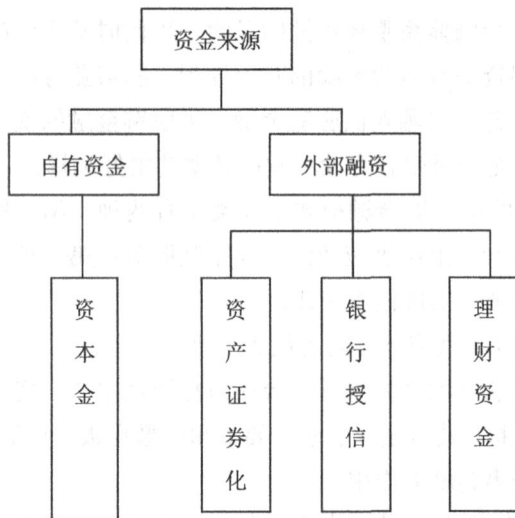

图 5-1　京东金融资金来源

2015 年 10 月，京东金融第一次推出了京东白条应收账款资产支持证券，于深圳交易所正式上市挂牌交易，这是我国第一例电商企业发布的资产支持证券产品。京东白条第一期资产支持证券由于京东金融产品贷款额度、期限、利率各不相同，都是为用户量身定做的，因此京东金融发行的资产支持证券都采

用"循环期＋摊还期"的模式。在循环期限内，进行循环放贷，即该分级债券所对应的基础资产收回的贷款并不会用来偿还债券，而是用来购买新的基础资产，使得基础资产一直保持一个动态、整体估值稳定的状态；直至进入摊还期，此时该资产池所收回的资金不再购买新的资产，转而向投资者支付本息。为了保证投资者的利益，该分级债券会分为优先级和次级债券，优先级会按照一定利率支付本息，次级债券不支付利息。同时只有在优先级债券偿还完毕之后，次级债券才能获得偿还，因此京东金融发行的分级债券中的次级债券都由京东金融以自有资金购买。

京东白条作为消费者信贷产品，虽然刺激了消费但是也给京东带来了巨大的资金压力，2015 年的京东应收账款占资产总额比例高达 10.6％，而未推出京东白条时的 2013 年京东应收账款占资产总额比例仅仅 1.9％。京东首创电商企业的 ABS 资产证券化模式，对整个行业的融资提供了新的思路，对互联网金融模式的发展有重要意义。截至 2019 年 11 月 29 日，京东金融已经累计发行京东白条应收账款债权资产支持证券 673 亿元 R（更名后以京东数科为名发行资产支持证券）。除了对"京东白条"进行资产证券化，京东金融也针对"京小贷""京东金条"发行了相应的 ABS。随后京东金融陆续发布了一系列的信托受益权资产支持证券，包括荟赢 2 号、荟享 2 号、荟享 3 号等 8 期分级债券，累计募集资金 57 亿元。而且后续发行的分级债券有明显特征就是信用评级增加，发行的票面利率下降，由"京小贷"第一期优先 A 级债券 6.08％的利率降到了荟享 3 号 4 期优先 A 级债券的 4.1％。此外京东金融也在其肯特瑞基金销售平台上销售专门投资京东白条 ABS 资产的债券基金，例如京稳赢系列，因为有较高风险所以此类产品准入门槛很高；要求具有长期投资经验、稳定收入，且起购金融为 100 万元。以上就是京东金融在资金来源上的创新模式。

（二）"京保贝"资金来源分析

1. 推出保理债权 ABS 募集资金

电商平台自有资金有限，且市面上小贷公司的贷款利率普遍比供应链融资利率高，电商平台仅使用自有资金使得供应链金融模式难以为继，故把供应商应收账款转让给京东旗下保理公司，推出供应链金融保理债权 ABS，引入外部投资者，扩大电商平台资金来源；又能提前回收资金，提高运作效率。因此邦汇保理针对"京保贝"这个池保理融资方案进一步运用新型金融工具，引入外部投资者资金，这对供应商与电商平台都是有益的事情。

京东金融－华泰资管保理合同债权资产支持专项计划（简称京东金融保理债权 ABS）于 2016 年开始推出，是国内首单互联网保理业务 ABS。截至 2019 年 3 月，京东金融保理债权 ABS 已经成功发行 15 期产品，募集金额 173 亿元。

（1）产品基本信息

京东金融 2016 年第 1 期保理债权 ABS 的基础资产 AAA 级占比高达 72％，AA 占比 27.95％，底层资产质量较好，能有力地保障产品的安全履约。就收益而言，优先级通常会得到固定收益，且信用等级越高，固定收益越低；而次级基础资产投资者是在专项计划足额清偿优先级投资者本息后，获取剩余的全部收益，收益与风险并存，风险与收益成正比关系。采用分层级的收益分配模式，是为了满足不同投资者的不同风险偏好，进而平衡风险与收益之间的关系。

（2）项目参与方

此项目的参与主体如表 5-1 所示。

表 5-1　京东金融保理债权 ABS 主要参与主体

原始权益人／资产服务机构／ 第一顺位回购义务人	上海邦汇商业保理有限公司
第二顺位回购义务人	北京京东金融科技控股有限公司
管理人／销售机构	华泰证券（上海）资产管理有限公司
托管人／监管银行	兴业银行上海分行
登记托管／支付代理机构	中证登上海
信用评级机构	联合信用评级有限公司
法律顾问	奋迅律师事务所

（3）基础资产分析

基础资产是符合入基础资产池标准的、质押在"京保贝"的应收账款的单一保理资产或保理融资池，主要经营场景为京东商城供应商通过账期赊销方式对京东商城形成的应收账款，京东商城供应商由于融资需要，将其质押给"京保贝"，进行供应链金融融资。京东能很方便地审核京东商城、供应商之间贸易的真实性，故基础资产风险可控。

（4）基本交易结构分析

该资产支持专项计划初始模拟池包含保理合同 1981 笔，涉及供应商 514 户，基础资产涉及上游供应商众多，从事各类商品制造与生产，具有较高的分散性，且都与京东商城是较长时间的合作伙伴，业务往来密切，能有效降低信用风险；再者，京东商城是该专项计划基础资产的原始债务人，进一步保障了基础资产的正常兑付。在双重优势之下，京东金融保理债权 ABS 的发行利率优先 A 级仅为 4.1％，优先 B 级为 5.9％，劣后级占比仅为 0.05％，大幅在低成本情况下提高了其融资效率。

（5）风险隔离机制分析

供应链金融通常被视作一个链条整体，其风险易传导和转移，因此单个企业存在的风险，在供应链整体中可能会被放大，引发连锁反应。供应链金融体系整体的风险状况便在很大程度上决定了供应链金融保理债权 ABS 产品能否顺利履约。风险隔离机制由以下几个部分进行保障：真实的贸易情况、信用共享、稳定的信用体系等。

2. 合理运用集团自有资金

在"京保贝"运作之初，京东商城作为独立的电子商务平台和供应链中的核心企业，京东小额贷款公司是提供贷款服务的金融机构，京东物流作为提供物流运输服务的企业，京东商城供应商是中小融资需求企业。2013 年 12 月至 2016 年的整个期间，对于"京保贝"这个供应链金融产品而言，使用的是京东自有资金，来源于京东旗下的小额贷款公司。

"京保贝"通过后台系统的大数据模型体系、内部信用体系全面搜集京东自营平台的上游供应商、开放平台的电商卖家的内部与外部信息，并筛选分析内部征信数据和以往交易情况与资金状况，进行按 A ～ E 的档次进行信用评级，选取交易信用评级在前三档的一些融资需求者为其提供小额贷款。

在"京保贝"供应链金融的业务模式中，京东商城和京东物流将收集的"资金流、信息流、物流与商流"的相关数据提供给京东小额贷款公司，协助后者轻松获取融资申请者的信用情况，线上完成对申请贷款的企业的信贷审核，得出这一商家可贷款额度。此举既节省了线下对商家进行人工审查的人力、物力、财力和时间，又可以大幅提升京东自营平台供应商与用户的客户体验，增加"京保贝"及京东小额贷款公司的服务水平。

第二节　供应链金融的风险来源

一、供应链金融的风险类型

形成风险的根本原因在于各类不确定因素，在供应链金融几类主要的业务模式中，最受关注的不确定因素源自互联网供应链金融的内外部生态环境。政策环境、经济环境、社会环境和自然环境的不确定性，是互联网供应链金融的主要外部不确定性因素。但其实互联网供应链金融生态环境的内部不确定性因素主要是互联网技术的不成熟和数据真实性问题。互联网供应链金融由于具备产业和金融两个特征，所以其风险也具备双重的特点，不但有来自产业链的风险，还有来自金融本身的风险。参与互联网供应链金融的主体众多，所处的不同行业产业链也有差异化的特点和属性，业务操作流程繁多，而处在整个互联网供应链金融生态环境中的参与者和影响因子相辅相成，紧密关联，如果在任何一个节点发生问题，都可能会对整条供应链的正常有效运作造成不利的影响。供应链金融的风险来源主要有如下几种。

（一）宏观及市场风险

互联网供应链金融业务主要参与主体多为中小企业。中小企业资金少、规模小的特点，使其容易受宏观经济的影响，盈利水平波动较大，甚至直接影响整个供应链的发展情况，最终造成各个参与主体的损失。

我国的互联网供应链金融环境复杂，互联网供应链金融管理还不完善，国家经济政策及外部事件也给供应链带来一定的冲击和影响。如产业结构调整或国家新出台的一系列政策对特定产业进行干预，导致该产业相关企业受到影响，从而给整个供应链带来经营风险。另一方面，外部欺诈、恐怖事件或自然灾害等多种外部风险事件的发生，对供应链上的参与个体和整条供应链都带来一定的风险。

另外，由于互联网供应链金融相关法律法规的不完善和监管责任的不清晰，各参与主体进行交易活动时容易产生权利义务界定不清晰，因此而造成法律方面风险。

因此，宏观及市场风险包含了宏观经济风险、政策风险、外部事件风险、行业环境及市场风险和法律风险。互联网供应链金融市场风险主要涵盖了汇率风险、股市风险、利率风险和价格风险。也可以将市场风险定义为由价格、股市、利率和汇率等因素变化，造成金融产品的价值和收益产生一系列不确定情况的风险。

在国内，由于利率市场化不成熟，因此银行的供应链融资产品定价原则采用了固定利率机制，但是银行不能在利率改变时及时进行应对调整，银行在这种情况下承担了利率变化引致的风险。汇率风险主要来自互联网供应链金融中占比较大的国际贸易业务，各国的货币汇率一直在发生变化，交易中使用不同国家的货币结算、必然会导致汇率变化带来的风险。价格变动风险，不仅存在于互联网供应链金融中，而是普遍存在于整个市场经济中，商品的价格变动是普遍的现象，那么互联网供应链金融必然不可避免地存在价格风险。

（二）信用风险

互联网供应链金融的信用风险是指融资企业由于各种原因无法还款或融资企业通过欺诈等手段恶意贷款不还给供应链平台或核心企业带来损失的可能性。因此，供应链平台需要对融资企业的自身素质、发展能力、偿债能力和信用状况进行风险评估，获取企业授信的自偿性并帮助银行对授信主体信用等级的判断，然后对信用等级较低的企业进行隔离。同时，通过互联网供应链金融平台初步审核的中小企业，在线递交融资申请，银行根据在电子商务平台上的交易情况和信用状况，认真审核其贸易合同及相关单据，减少信用风险发生的可能性。

供应商信用风险也会导致的风险管理问题。融资需求大，融资难度大的供应商，一般都是互联网供应链平台中的中小企业，但是这类企业不但自身的实力和资质相比大型供应商较弱，在经营上也遵循惯性和保守模式，尤其是大部分这类中小型供应商，在供应链中的话语权较弱，在生产结构、内部管控等方面也存在很多弊端，导致生产效率低下，资金周转困难、资产负债率较高，这种情况下，即使能够通过大数据系统审核，使核心企业成为其融资担保方，在后续运作和还贷过程中，也可能会由于外部不可抗力、市场环境变化导致逾期，对自身品牌形象、企业信誉、资金等各方面造成不可预估的损失。上下游中小企业是供应链金融生态链中的直接承贷主体，但是不少中小企业依然存在着管理制度不健全、企业治理结构不完善、信息不透明和业绩不稳定等诸多不利情况，这些都是会最终引起整条供应链发生信用风险的因素。除去中小企业自身存在的这些问题，整条供应链的运作状况、上下游企业合作紧密度、实际交易情况、物流货运效率等因素，都会影响到企业，进而引发信用风险。

此外核心企业在互联网供应链金融中的核心地位，决定了它在互联网供应链金融生态圈信息流、物流和资金流运作中也掌握了最核心的资源价值，核心企业是否经营顺利并且具备好的发展前景，对上下游企业的生存现状和未来发展起到决定性作用，也很大程度影响到互联网供应链金融生态圈是否可以保持良性健康发展。互联网供应链金融中面临的信用风险，最主要来自核心企业，当核心企业的信用状况出现问题，供应链中的上下游企业同样会受到牵连，如果处理不当，会危及整条互联网供应链金融的安全，最终打破供应链金融生态链的稳固局面。

（三）人员欺诈风险与操作风险

人员风险主要分为两类：

第一类是人员欺诈风险，一方面是供应链参与主体的业务人员与外部人员相互勾结，利用互联网供应链平台漏洞或者业务流程中的漏洞进行欺诈给供应链各参与主体带来损失，从而影响整个供应链的运作；另一方面是供应链上各中小企业的业务人员相互勾结，利用系统或者流程中的漏洞，共同欺瞒核心企业或者商业银行，从而带来风险，导致损失，如业务审批人员在授信时，对某一企业放贷过多，超过授信额度，引起贷款结构不合理。

第二类是人员操作风险。互联网供应链金融将传统供应链金融的业务全部转移到互联网供应链平台上，融资、支付、交易、还款、物流监管等环节都是通过计算机网络进行在线操作，增加了业务人员进行操作的难度，同时也增加了业务人员在操作过程中出现差错的可能性，因此对业务人员的工作要求就相应的大幅提高。而且，互联网供应链金融平台操作反应迅速，在业务人员发现失误前一般来不及进行撤回操作，因此人员操作失误所导致的后果不容忽视。

另外，目前我国互联网供应链金融的业务刚开展不久，相关的法律法规和业务流程设计都存在缺陷和漏洞，给人员欺诈风险和操作风险都增加了可能性。

（四）系统风险

互联网供应链金融在开展线上供应链金融服务的时候需要借助计算机网络系统，在传统供应链业务的基础上，利用互联网的快捷高速，使供应链金融运作效率得到极大的提高，从而优化和升级供应链金融业务。但是同时也给互联网供应链金融的运作带来一定的系统风险。

在硬件方面，表现为计算机硬件设施可能会遭到自身故障或人为破坏；在软件方面，风险产生在两个方面：一是基于平台的互联网供应链金融系统存在被不法分子攻击和篡改的风险，造成系统瘫痪、系统中的数据丢失或被人窃取，给企业带来利益损失；二是互联网供应链金融平台的开发人员自身的失误或没有后期升级维护导致系统中出现漏洞，在进行交易的时候发生故障导致系统进行错误的操作，如在进行支付阶段，支付接口未连接或连接有误，导致资金转移不出或重复转移等。

（五）流动性风险管理问题

不少互联网供应链金融企业多线条布局的产品模式和金融板块战略，导致其在运作过程中对资金量的要求很高，互联网供应链金融业务交易体量庞大，其资金占用负担十分沉重，并且部分产品本身对资金流的需求，也会造成相应的负担，尤其是一些小贷业务对公司的自有资金占用率很高，因为小贷公司的放贷特点是低杠杆率，当小贷业务的发展规模越大，对资金的需求量也越大，这些都需要依托强大的资金支撑和资金流运转效率，会存在着较大的流动性风险。当互联网供应链金融体系中存在流动性不足，引发资产价值存在损失的可能性和风险时，这就是互联网供应链金融的流动性风险。

流动性风险主要由以下三种情况导致：一是筹措资金的成本高于原预期或者超出最高成本线；二是短期资产无法及时应对短期负债的压力，或者发生意料外的资金流失；三是因为各种外部因素和内部因素造成极端情况，突发大体量的资金撤离。流动性不足造成的流动性风险，不但会造成经济主体资金获取成本上升或者资产贬值，还可能造成严重的流动性危机，引发企业破产或清盘。

二、供应链金融的风险分析方法

（一）信用风险分析方法

在互联网供应链金融业务开展过程中，交易双方随时存在违约的可能，这就是互联网供应链金融中信用风险的主要引致因素，因此，通过科学的指标分析计算交易方的违约概率，从而对交易方的授信额度进行精准的预估，是降低信用风险的最有效途径。通过动态预测模型对企业进行信用级别的判定和划分，能够更好地对整个交易的违约概率进行评估，外部环境和企业内部情况的变化，都会导致信用级别的变化，但一般情况下，企业信用级别相对来说会在一个较小的范围内浮动，不会有太大范围的波动。一般会使用 Z-评分指标模型，来判断企业的信用等级，主要通过企业的五个财务指标比率，对企业的违约率进行有效预测。

（二）操作风险分析方法

互联网供应链金融中的融资流程较多，且程序颇为复杂，所以在操作过程中很容易引发诸多操作风险。互联网供应链融资流程大概分为信用调查、金融产品设计、项目审批、出账和授信后管理，以及贷款回收等。其中信用调查阶段，容易产生的操作风险主要是人为因素导致的，这是互联网供应链融资过程中最为多见的操作风险。互联网供应链融资的信用调查阶段中，相关企业的交易资料是前期风险预估的关键依据，而风险控制的中介目标主要是资金流和物流信息。在信用调查阶段工作人员会接触到大量的数据和信息，对人员的专业要求和综合技术素养十分高，一旦在信息抓取上存在失误，或者出现错误的判断，那么在信用调查环节就会导致操作风险。金融产品设计环节中，不但包括产品本身的设计，还需要对整个产品运作流程进行设计，其中整个产品的流程设计完整性和逻辑严密性是最主要的操作风险。互联网供应链融资的项目审批，主要起到合理管控授信资产的作用，在制定授信协议的时候，必须确保其可操作性和条款严谨性，考虑到潜在可能出现的操作漏洞，很多欺诈行为，就是在授信协议存在漏洞的情况下发生的。后续的融资审批阶段，由于参与的人员和操作流程都较多，并且本身也存在一定的系统性风险，所以其操作风险的引发更为复杂。其中人员造成的风险主要情况有人员跨越职能或权利操作的风险，流程风险主要指金融机构在项目信用审批操作中有违规操作，另外，授信流程中内部操控机制不健全、信息传递有误或者信息滞后等问题，也会造成流程风险。在互联网供应链融资业务操作过程中，后台风控系统或风控模型对风险的判别和决策失误，会造成系统性风险。互联网供应链融资过程中的物流和资金流管理核心在于出账和授信后的管理环节，整个互联网供应链融资过程中操作的频率很高，决定了操作风险会大量聚集于互联网供应链融资业务中。

（三）市场风险分析方法

当金融市场中参与到交易过程的各方面临市场价格的变动、交易规则的改变、供求关系的变化等原因，且这些条件的变化对自身造成一定的不利影响并遭受到损失，那么这就是市场风险。简单来说，市场风险就是当市场价格发生的变化造成不利影响而导致参与方蒙受损失。尤其针对互联网供应链金融来说，中小企业在互联网供应链金融中的活跃度非常高，也占据了庞大的规模，中小企业对商品价格的变动又十分敏感，并且中小企业对市场价格的变动十分敏感，因此这类中小型企业的痛点是，如何合理控制和预测市场风险，非常关键。一般会采用价差律法及相关预测模型，为中小型企业的货物抵押贷款，提供科学有效的市场风险评估解决方案。

（四）流动性风险分析方法

当流动性不足而可能引起未来资产价值发生损失或者贬值时，就会产生流动性风险。流动性风险导致的资产价值在未来时间点发生损失的情况，可能是资产结构质量下降，也可能是资产收益的降低。流动性风险主要有交易类流动性风险和融资类流动性风险。在我国现在的经济形势下，中小企业的融资机会和融资渠道十分有限，并且在互联网供应链金融中，中小企业主要面临的还是交易类流动性风险。

流动性风险的分析指标，主要分为静态分析指标和动态分析指标，VAR 模型也是衡量流动性风险的常用方法之一，但互联网供应链金融由于中小型企业参与众多，因此通常会使用静态分析指标分析流动性风险。

三、供应链金融模式中的风险识别

（一）预付账款模式风险识别

在这种模式下，风险的产生有三个阶段。

第一阶段为授信阶段，此阶段主要的风险类别为信用风险，融资公司主要通过提供虚假资料骗取供应链金融服务机构的授信资格，提高授信额度，或者利用平台篡改公司自身数据，提高授信额度等方法。

第二阶段为融资阶段，此阶段出现的主要风险为操作风险和信用风险，该阶段可能会导致人员操作或者平台出现问题导致预付账款单据发生错误，或者是融资审批流程不规范，业务人员与融资企业勾结，导致给企业过多的贷款。

第三阶段为还款阶段，此阶段主要是信用风险，融资企业将贷款用于非营业方面导致无法还款，或者企业的信用问题导致恶意不还的情况。

（二）存货模式风险识别

在这种模式下，风险的产生主要来源两个阶段。

第一阶段为授信阶段，此阶段主要的风险类别为信用风险，融资公司主要通过提供虚假资料骗取供应链金融服务机构的授信资格，提高授信额度，或者利用平台篡改公司自身数据，提高授信额度等方法。

第二阶段为存货质押阶段，此阶段主要的风险是信用风险、操作风险和市场风险，此过程中融资企业可能虚报存货量或者勾结物流企业挪用质押存货而导致信用风险，或者由于平台工作人员操作定价失误导致放款金额比抵押物价值虚高，同时，可能会由于该质押商品贬值从而导致市场风险，导致抵押物失去以前的价值。

（三）应收账款模式风险识别

这模式下，风险产生主要来源两个阶段。

第一个阶段是授信阶段，此阶段主要的风险类别为信用风险，融资公司主要通过提供虚假资料骗取供应链金融服务机构的授信资格，提高授信额度，或者利用平台篡改公司自身数据，提高授信额度等方法。

第二阶段是还款阶段，此阶段主要是信用风险和操作风险，该阶段可能因产品滞销等相关问题无法及时还款，还有可能借款企业通过电商平台进行还款时发生系统故障导致款项无法按时到达，造成损失，最后还有可能企业恶意不还的情况。

第三节　供应链金融的风险管控

一、供应链金融风险管理理论

由于我国学术界和学术领域对供应链金融这一理论和概念的研究起步较晚，因此在供应链金融业务开展的末端环节，也就是风险管理和风险控制环节的学术研究和结论偏少，主要还是停留在定性分析方面。

黄晓艳（2018）提出了供应链金融业务发展中对风险的概念和定义，其强调供应链金融信贷风险是特指商业银行在对供应链企业发放贷款的过程中，可能会面对或承担的风险。这些风险由于无法进行提前的预测和判定，可能会对商业银行形成坏账，导致贷款不良。同时也提出了一些供应链金融信贷风险的主要表现形式，以及常见的应对措施。

沈立铸（2018）主要侧重的是供应链金融发展过程中，从风险种类来看，采取应收账款融资模式主要会出现的风险类型和风险评估方式，并提出由于供应链金融业务是新兴业务，若仅仅采用传统金融业务采取的规避方法，很有可能导致无法控制风险，新兴的业务需要探索新兴的风险预案和风险控制措施。

傅爱丹（2018）则提出供应链金融对于商业银行来说，对于核心企业和中小企业来说，都是全新的概念和全新的业务，这就需要商业银行更加重视风险研究和风险管理，要更加重视银行内部和金融机构内部风险意识的养成和提高。

关于发展供应链金融过程中可能出现的道德风险，主要学者肖瑾（2018）对道德风险进行了一定的研究和说明，他们通过委托代理模型的研究和搭建，对代理成本和代理费用进行比较合理的定价标准规划。其定价标准主要结合信息的对称程度以及发展供应链金融对银行、金融机构、物流企业和第三方公司能够分别带来的收益，从而来确定合理的代理费用。

风险管理是指通过采取有效措施和方法，降低甚至解除风险成为现实的可能性，还有在风险事件产生之后将损失尽量减少到最少。更加具象地说，就是对已经识别和计量的风险采用分散、对冲、转移、规避和补偿等措施来进行有效管理和控制的过程。

实践中，风险管理在全方位识别、评估风险的前提下，采用定性分析和定量计算等多种方式，客观地指出各种各类风险的大小，采取行之有效的应对措施，使风险或者损失降到可接受范围。必须重点说明的是，风险管理措施应该满足风险管理战略和策略的要求，并有效地通过对风险诱发原因的分析，找出管理中潜存的问题，以完备风险管理程序。

风险管理的基本方式主要含有如下四个方面。

①风险自留，风险自留主要是指商业银行积极主动的承担发展供应链金融所带来的风险，以及这些风险产生的不良影响。

②风险转移，是指商业银行不愿意自己承担在发展供应链金融过程中发生的风险和损失，通过一些方式方法将这些风险转移给了其他企业或是单位。根据融资企业与核心企业的合作关系，将融资方和核心企业形成信用捆绑，将单一的风险转移到整条供应链之中，而核心企业发生风险时，会影响整个行业的发展，进而将风险转移到整个行业之中。互联网供应链金融平台可以与金融机构、保险公司进行合作，使质押物的风险分摊到金融机构和保险公司中。

③风险预防，风险预防的概念同传统金融面对风险时的态度一样，就是通过一些测量模型，提前对风险进行测量和评估，从而提前提出一些风险预案和风险防范措施，从而更好地避免风险产生可能带来的损失。当融资企业进行尽调时，发现企业的信用水平较差时，供应链金融服务机构要对其风险进行预防。要核实融资方在金融机构账户中的资金，要定期核实应收账款等相关账目的真实性，避免融资方使用虚假账簿骗取贷款。首先，选择恰当的结算方式。其次，要经常分析账龄、对应收账款进行管理、发现问题、解决问题。同时，可以引入金融衍生工具来降低风险。

④风险规避，就是指商业银行通过一些风险处理手段和风险处理措施的采取，尽可能降低或是减少风险带来的损失，帮助商业银行自身降低成本，与风险防范是密切相连的环节。构建互联网供应链金融风险评价体系，通过对融资企业的相关财务指标进行评估，并且根据其合作企业相关状况进行了解，也可以到融资企业进行实地考察，当风险处于相对较高水平时，互联网供应链金融平台可以选择惜贷来回避融资企业的风险。

二、供应链金融风险管理中存在的问题

（一）融资企业信用缺失

金融机构办理贷款业务，风险控制是重中之重，这就需要考察融资企业的

信用水平，但是现在还没有完善的企业征信制度，只有通过银行等大型金融机构获得企业的信用报告，并且部分还很保密，无法达到信息共享，即使获得部分资料，有用信息也很少，如：缺少企业的相关信用资料，企业的相关财务数据，企业存在的现金流水、企业的资产及债务的分布情况等没有详细的系统记录，缺乏科学的、严密的、合理的企业信用评估模型，无法准确掌握企业的信用状况。同时，对于企业的失信行为也未明确规定具体的惩罚措施，违法成本偏低。

（二）大数据风控问题

互联网供应链金融的业务模式和产品原理，非常依赖于大数据风控机制的支撑，在供应商的融资资质审核环节，大数据技术给予信息的可信度和精准度分析十分关键，也是最后能否进入融资批准名单的前提条件。大中型供应商的数据获取较为便捷，供应商也有能力提供实时精确的数据，但是一些小型或者初期建设的供应商，由于还没有完全建立起规范有效的管理机制，其提供的数据或者数据本身，就存在难度和误差，并且其在实际运营和交易过程中，技术和监管体系也可能存在漏洞，会导致信息遗漏或者错误的情况。当然也有些强势的供应商认为其内部数据是商业机密资源，不愿意完全提供，这会导致最后的信息数据采集不完整，或者存在一定量的错误数据和脏数据，以至于大数据风控模型的运作不能百分百准确评估融资企业的情况和偿还能力等，对最后的信贷审批环节造成影响。因此，即使互联网供应链金融企业本身能够依托并运用供应商的海量数据优势，也有成熟的大数据风控运作系统，但是因为以上原因，并不能完全采集到所有数据，所以这是目前互联网供应链金融在实际风险管理中会遇到的较大问题之一。互联网供应链金融这个完整的产业体系，具有贸易自偿性的特点，因此，互联网供应链金融也具备收入自偿性的特征，实现自偿性，必须保证供应链贸易数据的准确真实，当贸易数据是建立在伪造的交易背景下，交易合同、应收账款、质押物的所有权问题等都会存在问题，甚至会出现交易双方为了骗取资金而伪造更多的交易数据，那么相关的金融机构就会面临巨大的风险。

大数据技术，在互联网供应链金融生态系统运作中对资金提供者是否能给上下游企业做一个精准的信用判定起到至关重要的作用，但目前的大数据技术还未能完全保障各个环节的数据处理精密严谨，并且容易将大数据风控存在的问题转化为操作风险。如果能够通过大数据技术进一步提高操作规范性和严谨性，那么第一还款人的效力就能够更精准的被评估，并且从根本上降低信用风险的危害。从原因上分析，互联网供应链金融生态圈的操作风险主要由大数据技术人员专业水平、业务数据信息化质量、网络系统运作稳定性、金融生态主体的信息透明和资源共享程度等决定。互联网供应链金融的操作风险主要分为六类：外部欺诈、内部欺诈、网络系统漏洞、资源共享程度、业务信息化质量和人员专业素养。互联网供应链金融操作风险的概念和商业银行传统金融业务的操作风险定义存在较大的差异，主要是由于互联网供应链金融的业务形态和流程相比商业银行更为复杂，并且其中的参与者更为众多，环环相扣，因此任何一个环节出错，都会造成操作风险，多个操作风险的效应叠加，最终会引发整个互联网供应链金融生态系统的操作风险。

（三）风险评价体系不健全

金融机构对供应链中的融资企业进行风险评价时，基本是按照传统信贷模式对企业进行考察，通过企业提供的财务报表等相关资料来评判融资企业的信用水平经营状况和还款能力，往往会忽略其在供应链中所处的位置，以及核心企业、上下游分销商形成的整条供应链的运行状况。这种情况会导致金融机构不能全面了解融资企业的信用水平和还款水平，也正是由于这种不健全的评价体系，金融机构的资金安全性难以保证，这就从准入机制间接影响到对融资方信用风险的评价，长期发展就会阻碍供应链金融市场的发展。

（四）风险防范机制不规范

银行等金融机构贷出资金以后，一般情况是授信前做好尽职调查，贷中过程严格把关，贷后管理实时观察的方式，严格把控资金的去向，以及企业运行的状况。但是在整个过程中，由于信息的不对称，可能会因为道德风险和逆向选择造成坏账，金融机构无法收回资金。目前还没有规范的风险防范机制，在贷后管理工作中，大部分金融机构只是关注贷款利息的偿还状况，而没有对企业运行状况做出深入了解，从而无法判断企业的资金状况，直至还款日期时才发现企业无法偿还本金，金融机构也因此造成巨大损失。

（五）法律体系不完善

在法律建设方面来说，到现在为止国家还没有一个全面、完善的供应链金融法律系统，更没有出台准确针对"互联网＋"供应链金融行业贷款的。这样，就不能合理保护供应链金融中的资金提供方的资金安全，融资方违约，金融机构就不能做到有法可依、有章可循，贷出的资金无法保障，同时也就很难追回不良贷款，无法惩治那些不良企业。

（六）征信体系不完善不健全

市场上主要的电子商务平台，都已经涉足并逐渐布局互联网和供应链金融领域。从公开信息可以看到 2017—2018 年，中国各大互联网巨头已经基本完成区块链领域的涉足并将进入爆发期，而在所有区块链有关的应用场景中，供应链金融已经成为各大巨头布局的重点。各大互联网巨头从供应链金融入手，既有政策依据，也有看准未来的市场需求的原因，虽然整个互联网金融呈现出爆发式增长，但是目前征信体系不健全，导致这个市场的信息不互通不透明，使得互联网供应链金融企业在风控管理和对客户资质审核上有较大的难度和潜在风险。

三、供应链金融风险评价

供应链金融风险评价指标体系，是以具有一定内在联系、相互影响的指标群体为基础，构建评价模型。全面、科学、合法并且有针对性地选择评价指标是衡量供应链金融风险前提和基础。

（一）构建风险评价指标体系

1. 构建原则

①全面性。根据供应链金融的特点，风险产生来源众多，因此在构建指标体系时，需要考虑多种因素影响，只有全面反映风险指标，才能更好地衡量风险状况。

②科学性。指标体系中的因素不能重叠交叉，指标的计算和评价标准必须科学合理。

③合法性。建立的指标体系要符合国家相关方面的法规体系，同时要符合宏观的经济政策。

④可操作性。评价模型中的指标必须具有可操作性，模型在实践中所需要的数据容易获得，便于操作。

2. 构建评价内容

（1）员工素质

选取员工中硕博士占比和本专科人数占比指标，通过文化程度的高低作为企业员工专业素质的评判标准，因为往往学历较高的人员专业素养越高，出错的概率越低，因此企业中员工学历越高的人占比越大，其企业大多能发展得越好，企业的违约风险也相对越低。

（2）信用状况

供应链金融服务机构通过调查企业历史上与银行等金融机构的合作情况，来了解企业的信用情况。通过历史授信额度、授信额度使用率、主体信用评级三个指标，来评价企业在银行间的信用状况。

（3）盈利能力

为了评判公司获取利润的能力，本文通过总资产净利率、营业利润率、净资产收益率、总资产报酬率、成本费用率五个指标进行评价，其中营业利润率和成本费用率两个指标综合起来呈现出企业的经营效率，总资产净利率、净资产收益率和总资产报酬率体现了公司整体获得利润的能力。

（4）发展能力

选取营业增长率、净利润增长率、净资产增长率三个指标来衡量企业的发展能力。其中营业增长率表示企业在一段时期的销售变化，净利润增长率则是体现企业在一段时间内营业利润的变化，净资产增长率则是体现企业本期资产规模的变化情况。根据三个指标，可以推断企业在未来一段时间的发展状况。

（5）偿债能力

选取了资产负债率、流动比率、速动比率三个指标，其中资产负债率是说明企业中多少资产是通过负债获得的，是衡量企业负债水平的综合指标，流动比率和速动比率是衡量企业的短期变现能力，通过这三个指标可以看出企业的偿债能力如何。

（6）资产规模

选取流动负债率和总资产两个指标，流动负债率能够说明企业对短期资金的依赖情况，可以表示出企业资产的稳定状况，总资产则体现了企业的总的资产规模。

（7）资产周转

选取总资产周转率、应收账款周转率、存货周转率三个指标，这三个指标表示了企业资产的周转状况，可以对企业更加全面的了解。

（8）线上化程度

由于互联网的相关数据很难获得，有些定性指标很难量化，选取线上平台建设作为"互联网＋"环境下的特有指标，线上平台建设体现企业的电子订单处理能力，以及线上合作关系的依据，以此来对各公司的相关情况进行分析。

（二）因子分析

因子分析法是从研究变量内部相关依赖关系出发，把一些错综复杂的变量归结为少数几个综合因子的一种多变量统计方法。通过这种方法我们就可以对原始数据进行归类合并，最后得到几个综合指标，同时这些指标之间互不相关，这些得到的指标被称为公因子。通过这种方法我们可以使指标最佳简化，也可以获得许多其他方面的重要信息，例如数据点平均水平、数据变异的最大方向、群点的散步范围等。

（三）自适应权重风险评价

在现代商业合作中，供应链上的核心企业与上下游企业的合作均是双向选择的，并且有明确偏好。在这种合作中，刚进入此行业的新公司要与一个入行较早的老公司建立合作时，新公司往往更倾向于选择一个实力强的老公司。同样道理，老公司也更愿意与一个更强大的新公司进行合作，正是由于这样的情况，新公司往往会选择与自己地位和实力相近的老公司达成合作。同时也正是公司之间这种选择性偏好，导致公司之间总是地位和实力相近的公司进行合作，这些公司组成的公司集团称为这个新公司的局域世界。此外，虽然这个局域世界中老公司的地位和实力很相似，但是依旧有等级划分，新公司也更加倾向于和这个世界中相对等级高的公司进行合作。

一家老公司进入局域世界的可能性会随着异构化程度的增加而增加，所以局域世界是由这些老公司所构成并且新公司会根据其中老公司的节点数来进行选择优先合作。因此，一个供应链复杂网络就形成了。

供应链中的风险具有扩散性和传播性，它可以通过供应链复杂网络传递到每一个节点，从而对整个行业的供应链造成影响。但在这个复杂网络中，不同公司对整个行业的影响也是不同的，合作伙伴较多的公司在网络中的影响比较大。因此要重视这些差异带来的影响，这样才能提高风险衡量的准确性。

复杂网络中每个公司节点数不同，供应链网络中公司合作伙伴的数量也是有差异的。根据合作伙伴个数对供应链网络进行分层可以通过由节点个数对复杂网络进行分层来实现。因此，公司地位差异导致的对供应链风险的贡献度差异就可以被反映出来。

四、供应链金融风险控制和管理策略

目前互联网供应链金融风险管理机制已经相对比较完善，一般通过搭建企业内部风险控制机制、构建信息技术风险管理体系和大数据技术的风险管理模型等手段相结合，来对互联网供应链金融实现风控管理。

在互联网技术下，电商平台与物联网通过信息共享和在线互联，将风控环节中的信息流动效率和精准度极大的提升，将传统供应链金融模式中存在的信息不对称引起的风险降到最低，先进的实时监控系统，能够对互联网供应链金融业务发生过程中的风险提前预警和防范，最大化的实现风险可控。

从如今整体互联网供应链金融市场来看，主要环节包括信用审核、设计交易流程和模式、信贷审批、贷中和贷后管理，目前的互联网供应链金融也是从这几个环节重点加强风险管理和风险控制的。

互联网供应链金融的风险管理，运用了传统供应链金融的风控手段，主要通过搭建内部风控机制，通过模型强化事前风控，其中重点对融资企业、核心企业和上下游企业实行信用风险控制；事中风控环节，重点在于防范市场风险和操作风险；事后风控主要在于对融资企业的经营情况监测等。并且在传统供应链金融风控的手段基础上，进一步通过现代化的互联网技术，将互联网供应链金融前后端结合，构建一个信息技术风控管理体系，并借助于大数据和区块链技术，实现金融业务操作流程的场景化和可视化，形成高效完善的互联网供应链金融风控管理体系。

（一）信用风险管理策略

供应链金融风险控制和管理策略不同于传统的金融业务，供应链金融主要利用的其实是核心企业自身的信用，而也正是因为这一点，银行在进行相关的金融业务的时候，要针对信用这一方面严格地进行，并且在必要的情况下，要采取必要的措施。

1. 实行严格的准入制度

经过一定的了解和相关的民生新闻就能够知晓，近几年银行在供应链金融业务中产生亏损的情况是比较多的，而造成这种情况最主要的原因就是没有一个十分严格的准入制度，使得一些不符合标准的中小型企业完成贷款的行为，而这些中小型的企业其实并没有完全偿还的能力，这种情况就会使得放款的银行产生不同程度上的损失。但是如果准入制度十分严格的话，就会使得银行失去一些经济上的收益，所以，在准入制度的制定这一方面，相关的工作人员要尽量地做到科学和合理，这样就能在较小的风险之下，获取到比较大且比较稳定的经济收益了，从另一方面上来说，这一点无论是对于贷款的企业还是相关的银行，都相当于具有了一定的保障。

2. 统一授信并规定最高授信额度

所谓的统一授信，其实就是指，银行在授信的工作过程当中，需要按照一定的标准进行，并且严格地按照相关的程序步骤，对单一的客户统一确定授信的额度，并且在这一工作过程完成之后，还需要对授信的客户进行统一的管理，这种做法主要就是方便进行管理。

而其中的授信额度，其实就是借款企业的信用级别，这里需要对企业的信用级别进行判定，具体的判断标准是比较多的，其中就包括企业的经营状况以及财务状况等等，并且，在进行判定的过程当中，要保证所得到的一系列数据都是真实且准确的，以此来完成授信额度的评定，这样做的好处是，授信额度比较科学合理，利于贷款企业的自我发展，也避免银行产生不必要的损失，而且在这种情况之下，即便是产生损失，也是比较小的。

3. 提高对抵质押物的要求

这一点同样是为了使得银行产生比较小的损失，因此，银行在进行相关的工作的过程当中，要对抵质押物进行合格的判定，需要其具有以下几种主要特点：首先是质量合格，为了达到这一点，银行可以聘请相关的专业工作人员，以便得到最准确的结果；其次就是容易变现，对于贷款银行来说，抵质押物容易变现无疑是最重要的一个特点了。除以上两点之外，还需要抵质押物品质能够得到相关的标准，且至少是市场标准以上。

（二）供应链金融的市场风险管理策略

1. 抵质押物的价格风险和商品权属风险管理策略

在这一管理策略当中，需要应对两种不同的情况，如果商品的购置价格与实际的评估价格差距比较大的时候，银行就需要按照当今时代的市场价值对商品进行合理的评估，在进行这一过程当中，需要对市场的价格进行一定的调查，切勿以过高或者过低的价格来对商品的价值进行评估。如果商品的购置价格与实际的评估价格相差不大的时候，也就说明企业与银行之间，对于商品的实际价值没有过多的争议，此时，为了加快工作的进度，银行方面就可以按照抵质押物的账面价值对其进行评估，这样无论是工作的质量还是工作的效率，都能够具有非常大的提升，而这一点，无论是对于贷款的企业，还是对于银行方面，都是具有非常大的裨益的。

2.供应链金融汇率风险的风险管理策略

对于供应链金融当中的银行来说，其遇到汇率风险的概率还是比较大的，并且一旦遇到这种情况，就不可避免的会产生一定的经济损失，为了应对这种情况，银行方面能够采取的措施还是比较多的，其中包括外汇远期以及货币互换等等，这些方式或者说是工具，在一定的程度上能够限制汇率风险的产生，也能减小汇率风险所造成的损失。对于汇率风险来说，其敞口管理主要是进行限额，这样就相当于减小了敞口的大小，由此，风险的产生和风险所产生的经济损失都是比较小的。除此之外，相关的工作人员要时刻关注汇率的变化，因为汇率是随时都在进行着变化的，如果想要减少损失，那就要时刻关注，这样就能够提前采取相关的措施，损失也就能很少产生。

（三）搭建内部风险控制机制

对互联网供应链金融体系进行风控管理的主体是互联网供应链金融企业，我国的互联网供应链金融企业在风控管理中，主要通过建立和完善内控机制，对互联网供应链金融业务进行中的风险做出事先预警、实现事中管控，并弥补事后由于风险发生导致的后果。互联网供应链金融中最核心和最基础的一环就是对企业内部的风险管控，主要是基于互联网供应链金融企业具备互联网和金融的双重特质，其面临的风险相比传统金融行业更为多元化。

在内部风险控制机制的设计过程中，操作风险的防范是最关键的。因为在互联网供应链金融中，其授信环节和内部控制模式是涉及整个供应链的，一般而言，供应链中所有企业的经营情况、财务数据和交易信息都融合在一起，银行通过对这些信息的整体把控，实现最后的交易审核和完成，那么各企业针对自己的情况，供应链中核心企业和银行根据供应链中的情况，都分别会设计出一个具有针对性的内部管理流程和信贷流程风险管控模式。

一个全面的风险控制管理系统整体框架，必须有扎实的内部控制基础，作为企业发生各类风险时做出应对措施的参考模型。

一般情况下，互联网供应链金融企业会对自身的组织架构、战略目标和经营特点，并结合外部宏观环境，以内部风险控制模型为参考依据，制定出适合自身的企业内部风控机制。企业会以分工原则和分离制约原则为宗旨，对企业业务运营、管理运营和支持活动额分别进行独立审计，能够高效透明的实现企业内部控制，对企业风险管理和互联网供应链金融业务风险管理达到行之有效的成果。

另外，人力资源管理体系的构建，也是内部风控管理机制重要的一环，因为企业内控工作和制度的有效推进是高度依赖员工的，一套完善有效的人力资源管理体系能够促进企业内部人员的内控意识，优化内部资源配置，也是一个有效降低操作风险的手段。

（四）构建信息技术风险管理体系

互联网供应链金融具备互联网行业的特性，所以运用互联网信息技术对互联网供应链金融的运作进行风险管控至关重要，也是目前我国互联网供应链金融风控常用手段。一般的互联网金融企业，都配备 CIO 首席信息官这个核心管理岗，其主要职责就是负责通过信息技术手段对互联网金融企业运作进行风险管理，通过对各个信息系统中的资产进行风险识别，评估资产安全程度和风险程度，制定不同的安全保障措施，将潜在的信息技术风险损失降到最低。

近年来，我国互联网供应链金融交易信息技术系统主要有认证技术、加密技术、安全电子交易协议和反黑客等技术。因为相比传统金融行业的风险，互联网供应链金融面临的技术风险是其面临的最主要风险，随着目前这类信息技术的发展，我国互联网供应链金融的运作和参与企业，面临技术风险造成的影响已经被大幅削弱。

（五）基于大数据技术的风险管理模型

随着行业发展，互联网供应链金融的外部市场环境更加复杂，对互联网供应链金融企业的风险管理要求也日益增高，在通过内部风险管理控制和常用信息技术手段进行风险防范的基础上，大数据技术的引入也逐步提升了我国互联网供应链金融行业的风险识别和计量水平。互联网供应链金融的大数据技术原理，主要是通过机器学习手段，从海量金融行业和非金融行业的数据信息中，找出相互之间的关联，结合大数据相关关系分析技术和机器算法模型，挖掘海量数据背后隐含的风险。

目前国内主要是将互联网供应链金融参与企业和电商平台等收集的海量交易信息作为大数据风控手段的基础，通过互联网大数据分析模型和第三方校验对数据真实性进行判断，评估企业的信用评级。大数据技术的风险管理模型，主要通过数据采集、信息分析与挖掘和数据应用等多层次体系来实现。

随着时间的推移，国内的中小型企业变得越来越多，而经过一定的调查就能够知晓，这些中小型企业能够存活的时间都是比较短的，而这其实也正是供应链金融业务产生的原因。

但是近年以来，银行在中小型企业所产生的损失是越来越多的，因此，对供应链金融风险进行一定的研究和风险控制，是非常重要的一项社会性工作，这一工作内容能够增加中小型企业的存活率，并且能够完成社会经济的多样性，这对于国内社会经济未来的发展都是具有非常重要的意义的。

五、案例分析——XX 银行供应链金融风险管控

（一）银行供应链金融信贷风险分析

银行面临的风险主要来自客户的风险，对于银行来说，最关键的是如何评估和测量客户风险，同时对风险等级进行评定，采取一定的措施对风险进行管控，从而更好地进行风险管理。

1.风险来源分析

银行最在意企业信用水平、经营情况、财务报表和担保方式。整体来看，××银行通过信用水平、经营情况、财务报表和担保方式等对单一贷款企业进行综合能力和信贷水平的评估。但是对于供应链金融业务来说，风险除了会受到借款企业本身的情况影响之外，还会受到供应链链条上其他环节的影响。所以对于银行来说，要跳出传统银行的授信业务风险管理流程，要考虑到整个供应链条中的各种风险。

供应链金融业务，作为银行新型的贷款产品，以及客体较多的一种新兴的金融业务模式，金融行业和贷款业务本身就是风险比较高的行业和业务板块，同时供应链金融作为一种新兴的金融模式和新兴的业态，其需要面临的风险种类更为复杂，其风险主要来自核心企业和申请贷款的中小企业，由于参与供应链金融业务的客体比较多，因此发生风险的可能性也就更大，归纳起来，供应链金融业务风险主要有以下三类。

（1）信用风险

银行客户的信用等级不是一成不变的，银行客户的信用等级会随着客户的生产经营状态、盈利能力、企业内部架构的变化等发生变化，银行客户信用的变化会引起贷款风险发生变化，基本上是银行客户信用等级提高，风险会相对降低，但客户的信用等级降低，那么风险就会开始提升，其中最受影响的是信用风险。主要表现在银行客户无法完全履行合同中的每项损失。供应链金融业务风险可以分为客户自身原因导致的风险，经济环境的变化带来的风险和由于企业行为不当产生的道德风险三种。

客户自身条件的变化以及客户内部原因导致的信用风险，主要发生在企业

进行战略变更和恶意挪用资金时。对于供应链金融业务来说，核心企业和上下游企业之间的稳定贸易关系非常重要，这种关系可以降低虚假交易所产生的信用风险。银行在传统信贷业务过程中，对这类风险是十分重视的，并且管控的也较好。但是在供应链金融业务中，有核心企业和中小企业，企业的数量和企业的类型都比较多，使得企业之间的信息容易出现不对称的情况，以至于各个企业之间经营决策也可能出现不同步的情况，因此使得不确定因素给银行信贷业务带来的风险非常大。

供应链环境的改变也会带来一定的信用风险，归纳起来有以下两点，一类是宏观经济环境和行业的变动，另一类是核心企业在经营过程中由于环境的变化，或是企业对于盈利目标的要求发生了变化，都有可能导致信用风险的产生。由于供应链金融业务具有一定的依赖性和传染性，当这些变化发生的时候，会直接将所有风险转嫁到银行。首先，整体的经济环境和经济形势，比如金融危机的爆发，或是全球经济萎靡，这种客观的经济状况下，供应链上相关企业都难免受到或大或小的影响，由此引发连锁反应。其次，供应链的中心是核心企业，以其信用为担保向银行申请融资。在这个环节里面，最为关键的也是责任的最大承担者是核心企业，核心企业的发展状况和未来的发展变动对整个供应链金融业务的开展影响巨大，银行一般对核心企业的信用评级和信用评分比较乐观才会对上下游中小企业发放贷款，也就是将核心企业融资能力转化为相关中小企业的融资能力。由于核心企业在整个过程中扮演的角色十分重要，所以当核心企业出现任何一点变化时，都会造成整个供应链环境的巨大变化。

供应链上的各个主体具有道德风险，道德风险主要来自各个企业出现的道德问题。供应链金融业务中的核心企业或是中小企业，都有提高资金利用率和降低资金成本的诉求，都是为了帮助企业更加健康良性的发展，但是除此之外，这些企业也还具有各自不同的利益立场，供应链金融业务作为一个多方参与的业务模式和业务环节，最大的风险是出现利益差异和利益冲突点的时候，这些企业有可能为了维护自身的利益，因此采取一些不正当的竞争手段或是保全自身利益的手段，这样就很容易促使道德风险的产生。

（2）操作风险

英国银行家协会认为，操作风险主要产生于银行内部，会因为银行内部流程不够科学和全面，银行的人员不够专业和职业，银行的内部系统不优化和操作失误带来的风险，以及外部事件突发带来的风险。××银行供应链金融业务中的具体流程，包括受理贷款申请、贷款前调查、融资方案的设计、审批流程、合同签订、信贷发放和贷后管理等各个环节，因此××银行需要对流程管理、人员管理、系统优化和外部事件等进行重视和优化。

银行信贷业务开始的第一环节是受理贷款申请和进行贷前调查。贷前调查的细致程度和准确与否，会影响着银行对客户进行评估和客户信用等级授予以及客户贷款金额贷款比例的确认，该风险源于事前调查准确度以及银行是否有设立专门的人员对调查结果进行复盘，一旦客户经理根据借款企业提供的资料来判断，不进行实地考察和比对，就很有可能导致操作风险。

贷款审批环节的操作风险，主要取决于担任审批岗位和履行审批职能的银行员工的专业素质和职业严谨性，对于银行业务流程的熟悉程度以及银行的内部系统熟悉情况这几个方面。供应链金融业务与传统金融的贷款业务最大的区别在于，其涉及的企业范围更广，需要审核的企业更多，这些企业的特性更加明显，尤其是中小企业，有可能还会存在账簿不齐全的情况，因此就要求银行员工的专业能力要非常强，职业操守要非常高，判断能力和经验也要非常强。要全面审查核心企业和贷款企业的生产经营状况，盈利能力，以及双方之间的贸易协议和贸易行为是否真实有效，贸易义务是否真实履行。

在银行与贷款企业之间进行贷款合同签订，进行贷款的发放和贷款后管理等各个环节中，最为明显的就是其中会有资金流的操作，并且资金流的操作次数还特别多，一般涉及现金的环节都是最容易出错的环节，也是风险系数最高的环节。在这个环节，银行员工必须高度重视且高度谨慎，如果因为银行员工的专业性不够强，判断能力和细致程度不够，就很容易造成一些漏洞，而这些漏洞对于银行来说，可能带来的是直接的经济损失：在这个过程中，物流企业和物流监管方也是非常重要的一个组成部分，如果物流监管方监管不当或是监管不力造成的货物损失，也会给供应链金融业务带来风险和损失。外部风险主要来自一些自然灾害，运输车祸等一些不可规避或是不可预测的情况给货物带来的损失，比如极端天气状况和突发灾害等。

（3）法律风险

结合银行的实际来看，其在发展供应链金融业务过程中，主要的风险有：信用风险、操作风险、市场风险、环境风险和法律风险等，对于银行供应链金融业务来说，很关键的一点，法律风险造成的影响是比较突出的。基于供应链金融属于比较新的业务，起步晚、发展短，导致现阶段法律缺失，没有系统全面完善的条规来进行约束，使得××银行在开展供应链金融业务时，没有专业的合同文本作为模板和行业准则。

从宏观层面来看，法律风险如下：第一，核心企业与供应商以及经销商的协议签订通常都没有法律公证环节，一旦发生纠纷，就为后续的风险埋下了隐患；第二，由于供应链业务流程很复杂，出现漏洞的可能性也比较大；第三，由于供应链金融业务属于新兴业务板块，现阶段我国法律在供应链金融发生纠纷时容易出现没有法律可以用来参照和判定的情况；第四，如果银行的员工专业性不够强，银行的业务操作流程不够完善的话，很容易产生操作风险。

从微观层面来看，法律条款虽然对动产抵押给出了一定的条款，对动产抵押的登记原则有一定阐述，主要还是由于许多条款不够清晰和明确，这就导致了业务开展的时候，可能出现不同程度的操作风险。首先，在动产浮动抵押制度方面的规定有明显不足，××银行在进行登记管理时，主要根据动产的重量和体积对货物进行控制，这种相对比较粗糙可衡量性不够强的方式容易引起一些债权上的纠纷；其次，虽然××银行在供应链金融业务执行和管理过程中，对每一项业务有进行记录和存档，但是登记内容和登记模板没有经过科学的评估，容易导致重复登记，影响担保的效力。

总之结合对银行风险分析及银行运行情况，政策制度和业务授权等各个板块的内容进行了归纳和整理，供应链金融业务风险的比重还是较为突出：不良贷款加速暴露，供应链金融业务处于发展初期，资产质量相对较好，不良率控制在了比较低的水平，随着时间的增加，不良贷款率逐渐上涨；不良贷款集中；不良贷款客户主要集中在制造业和批发零售业，其中供应链金融业务不良贷款的95%主要都是从事生产制造和矿产能源行业的客户。

2. 风险形成分析

（1）企业生产经营风险

首先是行业危机带来的企业生产经营的恶化，传统实体行业在供给转型背景下，难以很好地满足客户需求，导致其经营出现不同程度的下滑。由此也延伸到银行的业务上；其次是由于买卖双方都无力支付融资款项，而主要靠未来的预期收益来偿还贷款。如果买卖双方在经济下行时则会可能影响经营不佳导致亏损，进而形成买卖双方都亏损，无力偿还贷款。

（2）虚假贸易背景融资

首先是客户伪造了贸易合同和贸易发票，来虚构应收账款和预付账款，这类客户通过虚假伪造合同骗取贷款；其次是关联企业之间相互勾结，虚构贸易背景，部分银行对买卖双方关联关系，交易历史记录不够重视，为关联企业伪造贸易行为创造了一定条件。

（3）应收账款确认、质押登记环节存在瑕疵

一是应收账款没有进行很好的确认。某些分行的客户经理采用让借款人提供确认书的形式给客户造假创造了机会。

二是应收账款质押登记环节没有执行到位。出现了重复放款，宽松管理的问题，使得应收账款担保流于形式。

（4）贷后监管不到位导致应收账款落空

一是客户通过其他途径收回了应收账款，使得××银行承受了资金损失。部分分行对供应链金融业务的贷后管理过于简单和宽松，使得借款人有机会不向银行专用收款账户打款，导致了银行的资金损失。

二是客户间接付款的情况比较多，分行没有充分重视这一问题。部分分行没有充分坚持自偿性原则，也就是说客人只要按期规划了对应款项，分行便不再追究客户的还款方式和还款途径，没有意识到客户间接付款其实是存在很大风险的。

（5）业务操作不合规，违规经营严重

对一些风险系数较高的客户发放了供应链融资。如出现职工索要拖欠工资事件，同时在其他银行存在逾期未还的情况，发放了国内保理融资，企业停工、企业负责人涉嫌违规被抓获，贷款形成不良。

（二）供应链金融风险管理方面的问题

1. 风险管理理念和意识淡薄

银行利润来自多个方面，其中有很大一部分利润来自银行经营总资产。传统的贷款业务构成了银行总资产很大的一部分，但是在这个领域面临的竞争也是非常巨大的。对于××银行来说，想要在日益激烈的金融市场竞争取胜，就必须开发出具有创新性并优于其他银行的产品。供应链金融业务其实就是一种具有创新性的金融产品，但是××银行在对该项业务的管理和把控上，存在一些问题。

首先，企业资金需求大，××银行信贷对于市场和企业来说，是一个非常重要的资金来源通道。但由于受到××银行考核和指标的影响，××银行从业人员开始注重信贷规模的扩大而忽视了信贷质量的管理，银行在审核贷款企业资料时不够严格；其次由于供应链金融业务对于银行而言是一个新兴的业务板块，起步时间不长，××银行对该项业务的管理比较初级，使得一些贷款企业找到银行管理的漏洞并加以利用，从而给××银行带来了不小的信贷风险。

2. 风险管理系统和技术存在缺陷

包括××银行在内的我国商业银行风险管理体制远远落后于国外商业银行的管理水平，不如国外商业银行在进行风险管理的时候会采取定性分析和定量分析相结合的方式，从而更加全面的界定银行的信贷风险，而我国商业银行对风险的分析主要采用定性分析法，定量分析非常缺乏。而××银行由于供应链金融业务开展时间短，不具备一套完善的风险管理系统，主要不足在于XX银行随着供应链金融业务的逐渐开展，其风险也开始暴露出来。首先，操作风险主要是指银行从业人员进行舞弊和操作不够规范，管理风险主要是经营管理者的管理理念和决策失误；其次，由于××银行的供应链金融业务的客户群体集中在中小企业，中小企业由受到自身管理水平的限制，也难以对风险进行识别和控制，最终会将中小企业自身面临的风险转嫁到银行身上，使得××银行的贷款形成不良。

3. 内部规章制度不完善，执行不到位

由于银行条款相对来说比较单一且缺乏系统性，难以真正指导到银行员工的实际工作。加上规章制度最终都是由人来遵守和落实的，规章制度应当考虑的是有没有以人为本，能不能被很好地落地执行，由于银行在供应链金融业务方面的经验不足，因此制定的规章制度也有一定的欠缺。因此，××银行供应链金融业务的规章制度需要进行进一步的优化和提升。

从该项业务的现状来看，银行管理还停留在表面，许多规章制度的执行力很差，并没有完全执行到位。比如银行没有专人负责供应链金融业务，该岗位是由××银行前台或是中后人员兼任的，缺乏后台监管人员，使得银行在该项业务上面临着极大的风险；另外银行在进行供应链金融业务的开展时并没有严格的执行贷前调查、审查审批、贷款发放及贷后管理等操作规程；最后××银行在供应链金融业务开展过程中，缺少一个监督环节和监督部门，无法对从业人员的操作流程形成很好的监督和管控，使得业务在执行过程中存在风险隐患，难以及时发现风险并进行规避，很容易造成风险的集中爆发。

4. 从业人员素质有待提升

银行的供应链金融业务推出之后，慢慢进入快速发展的阶段，在快速发展期来临的时候，对从业人员的素质要求是非常高的，而银行相对缺乏这样一批高素质的人才，其表现如下。

第一、供应链金融业务由于是××银行的新兴业务，银行基层行具体操

作人员中高素质人才却不多，基层操作人员大都来自其他岗位转岗或是刚刚毕业的大学生，因此对业务的熟练程度和流程的把握程度是不够的。

第二、一些基层行从业人员由于没有很强的法律意识，职业操守较差，不具备风险管理的概念和意识，使得 ×× 银行在发展供应链金融业务时容易埋下隐患。

第三、由于银行的部分管理者缺乏企业管理的专业知识，对企业具体业务了解不够透彻，使得企业出现风险后难以很好进行防控。

第四、现阶段银行风险管理团队建设上还缺乏足够多的优质人才。所以，银行要开展好供应链金融业务很重要的一点是壮大银行的人才队伍，加大人才培养力度。

5. 激励约束机制不健全

由于经济全球化的进一步推进，金融市场的不断发展和壮大，金融行业的竞争也变得越来越激烈。×× 银行为了在竞争中取胜，为了获取客户，将客户数量、存贷款规模作为员工和银行考核的重要指标，而忽视了客户质量且没有设立相关的奖惩机制，不合理的业务指标加上不完善的奖惩机制这种粗放式的管理，很容易为 ×× 银行的存贷款业务带来很高的风险。

另外，对于不良贷款的产生以及一些质量偏低客户的引入，×× 银行也没有设立相应的惩罚机制，正是因为没有惩罚机制，才使得银行人员敢做一些不符合操作流程，违反银行规定的行为。银行一旦对违规操作不能很好地处理，就很容易在银行内部滋生违规操作的不良风气，因此银行应当建立健全激励约束机制。

（三）银行供应链金融风险管控措施

1. 优化供应链金融信贷风险管理组织体系

（1）完善风险管理治理结构

首先，比较重要的一点是加强顶层设计，也就是银行的高层管理必须是风险管理的牵头人和直接管理者，高层管理者必须定期向董事会汇报风险管理的相关工作情况，在高级管理层下设风险管理会，负责具体的风险管理工作；其次，要做到职权明确，由风险委员会负责进行风险管理工作职责的划分，让银行内部各个部门明确自身的责任与义务，并积极执行。

（2）各部门风险管理主要职责

风险管理工作由风险委员会统筹，进行风险管理工作计划的起草，风险识别文件的出具、风险控制措施的出台、风险奖惩措施的设定和风险管理工作定期汇报。其他各级部门要在风险委员会的带领和引导下，时刻关注本部门在业务开展过程中可能具有的风险点，将风险管理工作与自身的本职工作结合起来。因此，要真正做好风险管理工作，就要认真执行风险管理工作计划，搭建风险管理团队，设定专业人员负责风险管理工作开展，采用统一的风险识别和计量工具，确保风险管理工作的标准化。除此之外还要对各类风险信息进行不断的跟踪、监测和报告，要根据风险管理和评估的结果对客户信息进行实时的更新，以帮助后续业务的健康开展。

（3）设置独立的供应链金融信贷风险管理部门

由于供应链金融信贷业务的特殊性，银行还需要针对供应链金融来设置单独的信贷风险管理部门。在具体的操作中××银行供应链金融信贷风险管理部门应该是相对独立的，才能够使其在供应链金融管理中不受传统业务信贷风险管理部门的影响，使其在风险管理中能够更加针对供应链金融的特点来设计信贷风险管理方案。

2. 优化供应链金融信贷风险管理制度体系

（1）建设全面风险管理制度体系

首先，结合业务出台全行通用的风险限额管理条例。采用专业的技术和手段对风险进行量化，并在此基础上制定限额标准；另外也需要从地域、行业、客户等角度，制定差异化的限额标准，从而实现银行风险限额是全面且符合客户实际的。

其次，要对银行的风险定价流程进行标准化。风险定价应当在全行内部进行统一，由银行颁布统一的定价方案和定价标准，从而更好地分析风险的成本与收益之间的关系。

最后，要对风险信息收集和汇报流程进行确定。要求对风险信息的种类、内容和汇报按照标准的格式进行，以便全行进行统一和汇总，并对不同种类的风险进行划分和制定应对方案，方便银行进行统一管理和防范，同时可以帮助银行内部实现更好的信息共享。

（2）优化信用风险管理制度体系

第一，××银行要结合供应链金融业务开展市场，应从信用管理角度优化和改善现有制度，其中包括信用评级制度、信用风险评级模型、开发授信管理系统等的优化和调整，通过这些优化和调整来帮助银行提高风险分类的准确性，只有对风险分类准确，才能更好地进行风险管控。

第二，对不同类型资产业务采取差异化的风险分类管理法。通过进行专业测试，根据测试结果确立每项业务可能会面临的风险事项和风险损失，提前做好应对风险的预案；同时对客户的信用等级进行划分，针对不同的客户开展差异化的业务。

第三，优化和调整银行的授信操作流程。通过相关模型的建立，时刻关注银行内外部环境的变化，对银行的授信操作流程进行优化和管理。要重点关注客户评级授信、贷后检查、抵押物管理和不良资产处置等，在客户的经营管理条件发生变化时，银行要有快速反应的能力，避免因为客户经营情况的改变给银行带来贷款不良，给银行造成不必要的损失。

（3）加强操作风险管理制度体系建设

对××银行来说，实行制度化管理也是非常重要的，要不断加强风险管理制度的体系建设，只有将风险管理形成制度化和体系化，才能真正将风险管理在银行内固定下来。要加强对操作风险问题的识别报告，要建立操作风险识别体系，要对发现的风险性问题进行评估分析，从制度层面给出有效应对和规避风险的办法。尤其是要关注银行工作人员在操作过程中的道德风险，避免工作人员徇私舞弊。

（4）完善市场风险管理制度体系

银行通过完善风险限额管理对不同区域、不同行业和不同客户业务交易风险的限额管理和集中管控，能够更好地做到具体问题具体分析和实事求是；另一点是需要全面关注市场利率和汇率的波动和变化，对利率风险和汇率风险也要进行限额管理。

3.完善供应链金融信贷风险管理流程

（1）完整、及时地发现供应链金融信贷风险

银行要深入分析其所在的经济环境特征和风险偏好特征，不断提升潜在供应链金融信贷风险的识别能力，更好地做好供应链金融信贷风险预测。因此就要求××银行在供应链金融信贷业务开展过程中，能够全面而系统的分析该项业务即将面临的各种风险以及风险发生的原因，这一过程可以采用风险清单法、专家调查列举法、资产财务状况分析法、情景分析法、分解分析法等分析方法，这些科学的方法可以客观的帮助银行提高供应链金融信贷风险识别能力，做好供应链金融信贷风险事前控制和管理。

（2）针对供应链金融信贷风险来进行计量和评估

在完成供应链金融信贷风险识别后，还要进一步对供应链金融信贷风险进行分类，并分析风险程度和风险会给银行带来的损失，并在此基础上制定防范和应对措施。另外，根据供应链金融信贷风险的不同特征设计差异化计量方法和评估标准，从而提升供应链金融信贷风险管理的精细化水平。进行供应链金融信贷风险评估时，比较关键的一点是要着重采用定量分析法，加上定量分析和定性分析的结合，不断加强供应链金融信贷风险数据库的积累和搭建，为后续供应链金融信贷风险的产生提供经验参考和借鉴，逐渐提高供应链金融信贷风险评估的质量。

（3）跟踪监测供应链金融信贷风险

对已经识别出的供应链金融信贷风险进行不断的跟踪和监测，关注供应链金融信贷风险的发展和变化，一般是对危害较低的风险暂时不做特别处理，但当供应链金融信贷风险开始扩散时要及时预警，帮助各个供应链金融信贷业务部门快速采取控制措施，把风险带来的损失降到最低，从而帮助银行供应链金融信贷风险管理目标的实现。

（4）围绕供应链金融信贷风险管理流程撰写报告

在以上三点都完成的前提下，第四点是进行供应链金融信贷风险管理流程报告的撰写，该步骤需要各个部门结合供应链金融信贷风险管理部门的风险管理职责，进行供应链金融信贷风险监测报告、风险处理报告的撰写，并在报告形成后提交到部门负责人和风险委员会，从而实现自下而上的风险汇报体系和机制，实现整个银行内部高效流动的沟通。

4.建设供应链金融信贷风险管理信息系统

（1）系统建设的指导思想和原则

第一，要有计量模型。根据金融数学计量模型搭建供应链金融信贷风险管理模型，确保供应链金融信贷风险管理模型的计算基础是科学而又严谨的，实现该模型的不断升级和完善。

第二，要自下而上、循序渐进。供应链金融信贷风险管理信息系统的建设是一个循序渐进的过程，在整体思路和框架搭建完成后，需要一个一个板块的完善，数据量也是从少到多慢慢地积累，一些关键的数据板块可以优先搭建和上线。

第三，系统稳定性很重要。只有一个稳定的系统才能真正帮助银行进行数据收集和数据分析，系统的稳定性会直接影响到供应链金融信贷风险管理的效率。

（2）系统建设的功能要求

首先，要求银行系统在数据方面具备足够的处理能力，能够对大量数据进行处理。事实上在大数据和云计算快速发展的今天，对于信息的处理能力是衡量银行的重要因素，同时也是××银行在进行风险管理系统建设的首要要求。银行的数据处理需要能够快速地分析和抓住改进点，并对数据进行快速有效处理。

其次，银行的系统需要加入优秀的计量模型，通过量化供应链金融信贷风险，使供应链金融信贷风险得到更加准确的体现，而不再是流于感性评估，通过数据使供应链金融信贷风险量化后更加直接，也能够更加标准化的进行管理。

再次，银行的系统需要在功能上结合自身实际情况进行多样化设计，在风险分类上需要结合××银行供应链金融信贷业务开展情况进行设计和调整，使银行系统能够更好地满足供应链金融信贷风险管理需求。

最后，银行的系统还需要定期进行优化，事实上风险管理是不断优化的。最初设计的风险管理模型等可能并不是最优秀最合适的，所以××银行应该结合实际业务开展情况来不断优化系统，使银行的系统风险管理能力更为优秀。要具备持续改进功能。供应链金融信贷风险管理工作对于银行来说是可持续的，因此要求供应链金融信贷风险管理系统也具有可持续性。

5. 建立健全供应链信贷风险管理的激励和约束机制

（1）有效利用风险评估结果

通过以上风险管理方法，可以实现对风险管理工作系统而全面的分析和评估，可以得到相对科学的风险评估结果，因此需要将此风险评估结果有效地利用起来。包括将这些结果运用到××银行的产品定价、信贷管理、财务管理、绩效考核等具体的业务实践中去，帮助银行各个业务部门更好地进行产品定价信贷管理、资本配置和进行考核，更好地提升银行的供应链金融信贷风险管理水平。

（2）建立健全处罚问责制度

只有健全的问责和奖惩制度才能帮助银行更好地推动风险管理工作，提升银行的风险管理水平。在制定处罚问责时，应当对忽视风险的行为或事项，主动削弱风险管理措施、造成重大风险或损失的制定严格的处罚条款，比如进行行政处分或扣发奖金等；通过对处罚事项和处罚规则的设定，形成处罚制度；在形成处罚制度后，坚决严格的执行相关规定，绝不姑息任何一项违反规定的行为，在全行内部形成严格的处罚氛围和机制，使得各个部门不再出现知法犯法的行为，通过加强员工行为管控规避供应链金融业务开展过程中的操作风险，提升全行对规范操作的重视程度。

（3）加强风险管理激励机制的建设

通过加强风险管理激励机制的建设，进一步推进风险管理工作的开展。激励机制可从部门和员工两个方面进行。在设定部门激励机制时，要从风险管理架构、风险管理措施和风险管理效果三个板块重点去关注，对于风险管理架构完善、风险事件少和风险管理效果较好的部门要进行适当的激励，并将风险管理结果纳入部门的年度绩效考核当中。在设定员工激励机制时，可以定期进行风险管理测评，对于测评结果优秀、风险管理意识比较强的员工可以进行奖励并在其年度考核中进行加分，对于在供应链金融业务风险管理过程中为银行创造了实质性成绩，帮助银行规避了风险挽回了损失的员工，可以适当考虑晋级或晋升，从而推动整个银行风险管理氛围的行为和风险管理水平的提高。

第四节　互联网供应链金融系统的稳定性分析

一、互联网供应链金融系统的稳定性理论

在互联网供应链金融发展的过程中，保持稳定的供应链是非常重要的。因此，如何维持供应链金融系统成为 SCM 的一个重要内容。因为稳定的供应链有利于企业的生产、销售、研发等。因此，有必要建立一个模型来描述供应链金融系统的变化，预测未来的供应链，并寻求实现稳定供应链金融系统的策略。

如何使供应链金融系统稳定、健康地运行，是我们面临的首要任务。因此，我们需要找到供应链金融系统中关键因素之间的相互作用规律。同时，必须选择系统的关键因素并找出这些关键因素之间的主要关系。然后，我们必须根据这些因素及其关系绘制一个符号有向图，再结合供应链金融系统的实际统计数据，就可以得到一个实数加权有向图和一个相邻矩阵。最后一步是描述某一因素突然增加或减少时供应链金融系统的变化，并利用冲量过程理论来研究互联网供应链系统的稳定性。为了便于建模和分析，假设互联网供应链金融系统是封闭的并且不受外部因素的影响。

二、基于冲量过程理论的互联网供应链金融稳定性分析

(一)基于冲量过程互联网供应链金融系统建模

1. 符号有向图

首先,把互联网供应链金融系统的范围简化为以下七个关键因素。

S_1——制造因素,S_2——替代因素,S_3——供应因素,S_4——竞争因素,S_5——批发因素,S_6——零售因素,S_7——消费因素。它们之间的复杂关系可以简化为这样一个条件:一个因素促进另一个因素,或者一个因素抑制另一个因素。

互联网供应链金融系统中的每个因素都表示为有向图的一个顶点,有向图中的箭头表示两个因素之间的直接影响,这样就构成了一个符号有向图,如图5-2所示。

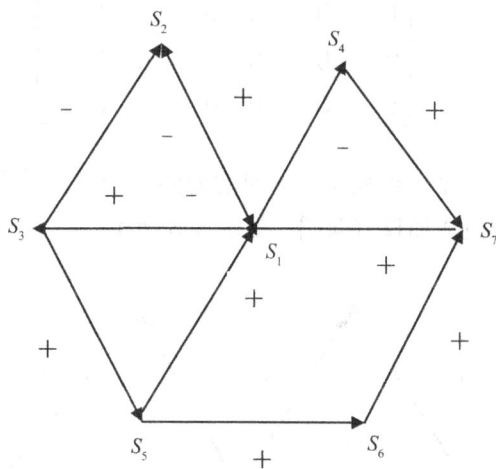

图 5-2　互联网供应链金融系统的符号有向图

每个箭头边上的"+"或"-"表示该影响是促进或抑制作用。S_1 到 S_3 带有"+"的箭头表示产量的增加会导致下一时段的供应量增加;S_1 到 S_4 带有"-"的箭头表示产量的增加会导致下一时段的竞争减少。因素之间的间接影响反映在同向相互连接的各端。当然,社会经济系统如供应链系统中各因素之间的相互影响非常复杂,因此,应该合理、简单地确定具有直接影响的每两个因素,不仅要基于客观规律,还要基于国家政策。例如,当供应(S_3)增加时,在不同时期的国家土地政策中,竞争(S_5)会上升或下降。

2. 邻接矩阵和加权有向图

为了通过代数方式研究具有标志的带符号有向图，将邻接矩阵定义为：

$$M=(m_{ij})$$

$$m_{ij} = \begin{cases} 1, & \text{if } S_iS_j \text{ is } + \\ -1, & \text{if } S_iS_j \text{ is } - \quad i, j = 1, 2\cdots\cdots 7 \\ 0, & \text{if there is no } S_iS_j \end{cases}$$

以下是其邻接矩阵：

$$M = \begin{bmatrix} 0 & 1 & 1 & -1 & 0 & 0 & 0 \\ -1 & 0 & 0 & 0 & 0 & 0 & 0 \\ 0 & -1 & 0 & 0 & 1 & 0 & 0 \\ 0 & 0 & 0 & 0 & 0 & 0 & 1 \\ 1 & 0 & 0 & 0 & 0 & 1 & 0 \\ 0 & 0 & 0 & 0 & 0 & 0 & 1 \\ 1 & 0 & 0 & 0 & 0 & 0 & 0 \end{bmatrix}$$

这样就构成了一个定性模型，如果想得到一个定量模型，应该量化因素之间的相互作用并变换成加权有向图，如图 5-3 所示。

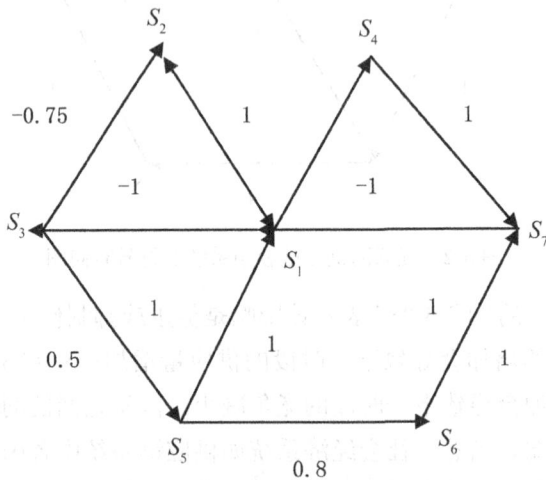

图 5-3 互联网供应链金融系统的加权符号有向图

在上图中，除箭头之外的数字称为加权值。我们可以使用加权值构成定量相邻矩阵 $W=(w_{ij})$。

$$W = \begin{bmatrix} 0 & 1 & 1 & -1 & 0 & 0 & 0 \\ -1 & 0 & 0 & 0 & 0 & 0 & 0 \\ 0 & -0.75 & 0 & 0 & 0.5 & 0 & 0 \\ 0 & 0 & 0 & 0 & 0 & 0 & 1 \\ 1 & 0 & 0 & 0 & 0 & 0.8 & 0 \\ 0 & 0 & 0 & 0 & 0 & 0 & 1 \\ 1 & 0 & 0 & 0 & 0 & 0 & 0 \end{bmatrix}$$

很明显，上面的矩阵 M 就是矩阵 W 的一个特例。

3. 冲量过程理论

冲量过程理论是研究当互联网供应链金融系统中的某个因素在初始时间间隔内发生突然变化时，整个系统在随后的时间间隔内的变化过程。因此，$S_i(t)$ 表示 S_i 在时间 t 时对应的值，$C_i(t)$ 表示 $S_i(t)$ 在时间 t 时的冲量变化。这里假设供应链系统有 n 个因素。根据 W_{ij} 的定义，可以得出：

$$s_i(t+1) = s_i(t) + c_i(t+1), i = 1,2,\cdots,n; t = 0,1,2\cdots$$

$$c_i(t+1) = \sum_{i=1}^{n} W_{ij} c_i(t), j = 1,2,\cdots,n; t = 0,1,2\cdots$$

即，行向量：

$$s = s_i(t), s_2 = s_i(t), \cdots, s_n(t)$$

$$c = c_i(t), c_2 = s_i(t), \cdots, c_n(t)$$

这样上面的两个公式就可以表示为：

$$s(t+1) = s(t) + c(t+1)$$

$$c(t+1) = c(t)W, \ t = 0,1,2\cdots$$

只考虑系统在初始条件下的变化，则可以假定：

$$s(0) = c(0)$$

当初始冲量 $c(0)$ 已知时，对于任一 t，计算出冲量 $c(t)$ 和值 $s(t)$，就可以对该系统进行了预测。

4. 稳定性分析

当互联网供应链金融系统中的任何因素在"$t=0$"变化时，系统中任意时刻的脉冲和因子值都会有限地增加或减小，此时系统脉冲过程 S 是稳定的。希望找出系统是否稳定的条件，并通过改变各因素之间的可控关系，使系统在非稳定时保持稳定。

对于任一的"i"和"t"，如果$|c_i(t)|$是有界的，那么S是冲量稳定；如果$|s_i(t)|$是有界的，那么S是值稳定。如果S是值稳定的，则它必须是冲量稳定，反之，它不是值稳定。

因为$c(t)$、$s(t)$由一阶差分方程所确定，因此大体可以认为，它们是否有界取决于矩阵W的特征根的模是大于1还是小于1。

假设λ是相邻矩阵M的非消失特征根，那么S是冲量稳定的充要条件是：

$$|\lambda| \leq 1 \text{且} \lambda \text{是一个简单的根}。$$

S是值稳定的充要条件是：

$$S \text{是冲量稳定且} |\lambda| \neq 1$$

（二）算例研究

接下来采用虚设的一个矩阵M进行算例研究。

1. 研究假设

供应链系统是封闭的，系统不受外部因素的影响。假设供应链系统制造因素（S_1）在一个其实区间突然增加，即：

$$c(0) = 1,0,0,0,0,0,0$$

2. 算例分析

根据上面是公式，可以计算出$c(t)$、$s(t)$，如表5-2所示。

表5-2　互联网供应链金融系统的$c(t)$、$s(t)$

T	C_1	C_2	C_3	C_4	C_5	C_6	C_7
0	1	0	0	0	0	0	0
1	0	1	1	−1	0	0	0
2	−1	−1	0	0	1	0	1
3	1	−1	−1	1	0	1	0
…	…	…	…	…	…	…	…

T	S_1	S_2	S_3	S_4	S_5	S_6	S_7
0	1	0	0	0	0	0	0
1	1	1	1	−1	0	0	0
2	0	0	1	−1	1	0	−1
3 …	1 …	−1 …	0 …	0 …	1 …	1 …	−1 …

λ 作为矩阵 M 的一个特征值，即矩阵 M 的特征多项式是：

$$f(\lambda) = \lambda^2(\lambda^5 + \lambda^3 - \lambda^2 - 1)$$

$$\lambda = 0,0,1,\pm i, \frac{1}{2}(-1 \pm \sqrt{3}i)$$

根据 S 是冲量稳定的充要条件，得到供应链系统是 S 冲量稳定。

这是在单因素变化的条件下互联网供应链金融系统的稳定性。还要对多因素进行研究。这种情况将更加接近实际互联网供应链金融系统。因此，根据这些研究工作的结果，通过调整互联网供应链金融系统的宏观经济政策，使供应链金融运行更加顺畅。为了解决更实际的问题，我们的假设（供应链金融系统是封闭的）也可以放宽。

第六章 国外供应链金融发展的经验与启示

随着跨国企业向全球化发展，供应链中的成员对流动资金有了强烈的需求，金融也经历了从为单个企业到为整个供应链提供融资的转变。横跨多个国家的世界性供应链金融由此产生。国外商业银行率先开始发展供应链金融，并且提供了一些成功的实践案例，还有以物流企业主导、核心企业主导的供应链金融也相继开展。本章分为国外供应链金融的发展历程、国外供应链金融的案例分析、国内外供应链金融的对比、国外供应链金融发展经验启示四个部分。主要包括：国外供应链金融的三个发展阶段，国外商业银行主导的、物流主导和核心企业主导的供应链金融模式的案例分析，国内外供应链金融参与主体、主要服务对象、主要融资方法和模式对比以及国外供应链金融对我国供应链金融的发展启示等内容。

第一节 国外供应链金融的发展历程

一、概述

美国等西方国家，还有日本的供应链金融产业发展起步于 19 世纪，经历了大概有两百多年的发展与完善，然后产生了最初的供应链金融。通过对国外供应链金融的发展历程的研究，可以将其细分为三个阶段，如表 6-1 所示。

表 6-1 国外供应链金融的发展历程

时间	模式	特点
19 世纪中期以前	农业为主的存货质押	业务模式单一
19 世纪中期至 20 世纪 70 年代	应收账款等保理业务，业务种类变得丰富	应用行业多元化，1954 年美国出台《统一商法典》，步入健康发展期
20 世纪 80 年代至今	预付款融资、结算和保险等新型融资产品	物流企业在提供仓储、运输外，还提供质押物评估、监管等附加服务

二、发展历程

（一）第一阶段

19 世纪中期以前，在此时期，国外的供应链金融处于起步阶段，所以模式较为单一。此时的供应链金融体现为农业方面的存货抵押，即农民由于市场价格过低而不出售收获的农产品，通过将其交给银行来换取贷款，之后用抵押的贷款来继续以后的生活。一旦农产品的价格有所上升，农民就会卖出放在银行的农产品，得到同等价值的货币。但是，这些货币并非全部为农民所有，他还需要从其中拿出一部分来交付银行的利息。基于此，农民能够得到比直接在市场上卖出农产品更多的货币。

（二）第二阶段

19 世纪中期至 20 世纪 70 年代，在这个时期，随着供应链金融的不断发展，其业务模式也开始由单一向多元化的方向进发，一些承购应收账款等方式的保理业务也开始出现，但是这个变化的最初，这类保理业务却成了一些银行等金融机构进行金融掠夺的工具，此时，个别心怀不轨的银行会同其他的金融机构或资产评估机构密谋，狼狈为奸，相互勾结，刻意压低那些流动性出现问题、有迫切融资需求的企业所出让的应收账款和存货的市场价值，随后，这些企业又会高价出售给其他的第三方中介机构。这样低买高卖的行为，不仅破坏了市场秩序，对市场的稳定发展造成了巨大冲击，同时也激起了部分企业与银行的愤懑。为了形成良好的市场环境，20 世纪 50 年代，美国颁布了《统一商法典》，该法典中列举了金融机构在其业务活动中必须严格遵循的规则。基于此，供应链金融迎来了一个稳步发展的春天。然而，这一阶段的供应链金融业务依旧以存货抵押为核心，应收账款为辅助。

（三）第三阶段

1980 年至今。在这一阶段，互联网金融逐步走向繁荣，越来越多的供应链金融产品也陆续出现，例如预付款、结算与保险等。在供应链相关理论的成功构建以及物流行业的发展下，供应链金融实现了大规模的发展。到了 80 年代末，世界范围内的物流资源都开始集中于单个的物流企业，一些大型的专业物流巨无霸企业已经形成，例如联邦快递、UPS 等。而伴随着全球供应链规模的不断扩大，物流公司同国内的一些跨国公司之间的供应链体系联系地更加紧密，同银行比较而言，物流公司在供应链的运行上表现得更为良好。因此，物流公司同银行的联系也日益密切，并参与到供应链的融资过程中，物流公司提供对质押物的评估、监管、处置，并对质押物进行仓储、运输等基本服务。这样一来不仅物流企业为自身创造了巨大的利润，同时银行也得到了更多顾客。在这一阶段，供应链金融渐渐地形成了"以物流为主，以金融为辅"的理念，于是，供应链金融因为新的参与者而获得了快速的发展。与此同时，与我国距离相近的日本，也出台了供应链金融基础建设法案，大力发展供应链金融。

第二节　国外供应链金融的案例分析

一、国外商业银行主导的供应链金融模式

（一）国外商业银行供应链金融发展的历程

据史料记载，供应链金融的理论和基础产品远远比现代供应链金融体系的产生早很多。供应链金融产品的雏形是保理业务，当时供应商通常会将应收账款以较低的折扣转让给商业银行，供应商获取资金的成本较高。早在 19 世纪就已经大规模地出现了融资融券业务。20 世纪末，在对供应链中的信息流、物流的控制发展到一定的高度之后，人们逐渐发现资金流也具有非常重要的地位，供应链的相关金融理论应运而生。到了 20 世纪 80 年代，随着经济、金融的全球化，跨国企业为了降低成本开始将部分非核心技术和产品外包，供应链管理开始被运用。供应链的全球化伴随着资金短缺的问题，国际性商业银行开始介入供应链，提供各种金融服务。尤其是 2008 年美国次贷危机引起的金融危机爆发以来，国际商业银行出现了大量的坏账呆账，利润迅速下降，供应链金融的优势逐步显现。为了有效地面对风险，国际商业银行开始寻找新的利润来源。供应链金融相对于传统金融，以成本低、风险低、期限短等的优势，迅速成为国际商业银行发放信贷的重要方式之一。国际性商业银行中有 93％能够意识到客户对于供应链金融需求较大；应收账款、预付账款、存货等抵押品正在逐步被国际性商业银行青睐，并纳入优质资产行列。

近年来，供应链金融迅速发展、理念逐步成熟，国际商业银行积极开展探索，结合供应链上中小企业实际，创新了多种供应链金融的产品和服务，开拓了客户市场，完善了客户结构，丰富了利润来源的渠道。从供应链金融机构的类别看，以大型国际银行和金融公司为主。一般情况下，这些金融机构与核心企业

有着长期稳定的合作关系，了解核心企业的资产和信用状况，为了提高供应链的效率，为供应链其他成员提供金融服务；从业务品种看，以授信和结算为主。随着信息技术的快速发展，供应链金融在国外的发展速度相应的加快。在一些大型国际性的商业银行实现了在线运行，为供应链金融提供了高效、安全的技术环境。

（二）国外银行供应链金融业务现状

国外银行大力开展该项业务，因此供应链金融也应运而生并取得了一定成绩。许多国际商业银行看准了供应链金融的良好发展前景，针对企业融资问题，推陈出新的配合企业提供各种供应链金融产品与服务，以此来稳固与核心企业之间的关系并丰富了自身的产品线。从 20 世纪 80 年代开始，国外供应链金融已经涵盖了电子、食品、汽车、重型装备等多个行业，特别是从 2008 年金融危机后，各大商业银行纷纷将供应链金融业务作为开拓新业务的重要方向，纷纷加大了供应链金融的发展力度，在制度、流程等各方面进行了创新。由此也使得供应链金融在国外发展成绩斐然。

（三）国外商业银行供应链金融的实践

在国外商业银行发展历程中，其供应链金融服务表现出飞速发展的态势，根据一份黛米卡（Demica）的研究报告，有90%以上的国际银行能明显感受到其核心客户在供应链金融方面存在非常明显的需求。报告指出"在当前严峻的信贷环境下，供应链金融业务提供了一种稀缺信贷资源的高效率的配置方式"。供应链金融不仅是进行了"产品成本的削减"，更重要的是帮助企业进行了"资金成本的削减"。国外金融机构在供应链金融的创新上有很多先进的实践探索，国外开展供应链金融业务比较完善的商业银行主要情况如下。

1. 英国渣打银行供应链金融发展的实践

英国渣打银行是一个全球网点比较多的银行，在香港地区、新加坡、印度等新兴市场上获得了非常高的市场份额。在开展供应链金融业务时，渣打银行主要利用自身的国际性网络优势，为供应链中核心企业的供应链延伸提供金融支持。在目前全球范围内进行推广和学习的案例中，核心企业为渣打银行提供供应商名单，由渣打银行负责为其设立供应链金融方案。

渣打银行是一家比较擅长贸易融资的国外商业银行，从集团年报可以看出，非利息收入占到总收入的 50%，特别是在亚洲和非洲具有明显的优势。渣打银行曾经被全球各大媒体评为最佳贸易融资奖、最佳中小企业贷款奖、中国企业社会责任榜杰出企业奖等。渣打银行具有丰富的贸易银行经验，凭借其自身优势，一直致力于对供应链金融业务的探索实践。

渣打银行在中国设有专门的供应链团队及供应链部门，总部设在上海，17家分行都有地方团队，职责就是提供传统贸易融资产品及设计合适的产品。渣打银行供应链团队不仅有150多人组成的专业团队，还有总行及其他分行的支持。比如，渣打银行中国、马来西亚、印度分行共同研究制定并推出的供应商整体融资贸易方案，不仅加强了三个国家的联系，而且增加了供应商的收入。

渣打银行与很多传统银行不同，不是以资产规模的扩张作为其发展战略。它以交易银行作为战略目标，以为供应链中的上下游合作伙伴提供及时和充足的资金作为服务理念。不仅坚持执行传统的供应链融资方案，还致力于根据本地实际，不断创新供应链融资方案，特别是在一些资源性行业如煤炭、钢铁中，极大程度盘活了供应链中资金的流动性。渣打银行的供应链融资包括供应商融资和经销商融资两类，如图6-1所示。

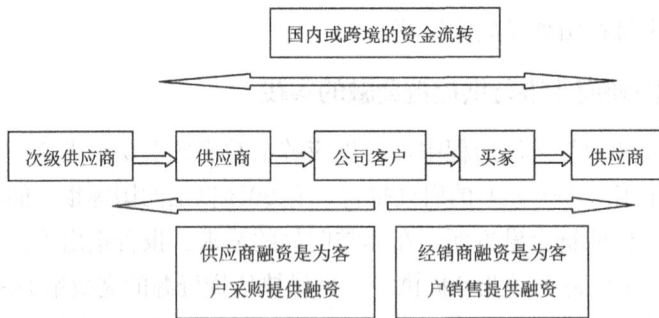

图6-1　渣打银行供应链金融服务

在中国，渣打银行发展供应链金融业务的优势有如下几点。

第一，具有国际网络优势。渣打银行拥有1700多家分支机构，横跨70多个国家和地区，在香港、印度等地具有竞争优势。

第二，拥有丰富的贸易融资经验。渣打银行有着丰富的贸易银行经验，客户，特别是那些在新兴市场中成长较快的企业，与渣打银行合作，能够吸取跨国发展的宝贵经验。

第三，融资成本优势。渣打银行在融资成本低廉的香港和新加坡具有领先地位，这在供应链融资中能够起到决定性作用。

第四，产品成熟优势。由于渣打银行有着丰富的贸易融资经验，形成了一套领先于竞争对手的成熟管理手段和操作流程。

但是，渣打银行也面临如下一些挑战。

第一，国内网点覆盖面不足。渣打银行在中国的网点主要集中在省会城市，没有办法全覆盖供应链企业所在城市。

第二，本地经验不足。渣打银行在联系本地企业方面具有天然的劣势，且对本地企业的状况缺乏深入的了解。

第三，市场管制。中国是发展中国家，金融市场未全面开放，渣打银行在中国必然面临一些管制，一定程度阻碍其供应链金融业务的创新发展。

第四，国内银行的崛起。中国的银行虽然暂时无法与渣打银行供应链金融业务相比，但其在海外的迅速扩张，提供了更多网点支持，为供应链金融的发展构建了良好的环境。

综上所述，我国的商业银行要保持充分的自信，利用自己的本地优势与像渣打银行这样的国际银行竞争。

2.美国摩根大通银行供应链金融发展的实践

美国摩根大通银行不仅是世界上最大的现金管理服务商，而且在全球的清算业务中，具有非常重要的地位，同时，也是世界上美元清算业务份额占比最大的代理清算银行。2005年，摩根大通银行成功收购了一家名为Vastera的物流公司，在亚洲成立了专门为供应链金融提供服务的物流团队JP Morgan Chase Vastera子公司。JP Morgan Chase Vastera公司的出现解决了供应链缺陷的问题，降低了跨国运输中出现运输耽搁、政府罚款的风险。通过这次收购，摩根大通银行的现金和供应链金融两项银行业务，从服务客户方面来说，得到了相辅相成、相互促进，为进出口交易双方提供全流程一揽子金融服务。摩根大通银行在为供应链金融业务中的收付款物、运费、保险费等结算环节提供金融服务的同时，能够运用Vastera的物流技术和流程，获取交易对手、交易金额的信息和一系列的贸易数据，实现运输单据制作和管理的自动化，根据自身掌握的庞大数据库强有力地支持了"实体货物"跨境流动'。Vastera物流公司和摩根大通银行的有效整合，打破了商业银行和第三方物流企业单独参与供应链金融的局面，降低了跨国货物和资金流转的风险，促进了供应链金融的发展。

美国摩根大通银行主要通过与物流公司合作来实现供应链金融业务的开展。在进行供应链金融业务开展时，摩根大通银行主要通过数据获取、单据制作和管理的自动化，使得Vastera原有的物流流程和物流技术更好的帮助"实体货物"实现跨境流动。加强了同物流企业的紧密合作，是以后发展供应链金融很好的借鉴。

3. 荷兰银行供应链金融发展的实践

先进的网络技术能够为供应链金融的发展提供了强大的技术支撑，荷兰银行基本上是所有国外商业银行中最早开始供应链金融业务的银行，其率先尝试了这一金融业务模式。荷兰银行结合现代化信息发展的技术优势帮助客户创造更多的价值。

荷兰银行的 MAXTRAD 系统最大的好处是帮助客户准确无误的管理了大量单证，减轻了客户管理纸质单证的庞大工作量，为客户节约了管理成本。通过MAXTRAD 系统，可以帮助买方降低贸易成本，提高开证速度，还能帮助建立和维护买方与供应商之间的关系，同时丰富买方的供应商数量。

荷兰银行是国际上比较早将国际贸易与供应链金融联系在一起，并且将整合后的贸易融资作为重点业务推广的国际性商业银行。荷兰银行特点是拥有MAXTRAD 系统，该系统的端口属于客户，后台数据系统管理属于银行。系统可以在任何时间为客户提供服务，消除了繁琐纸质单证带给客户的烦恼。客户可以在全球各地运用系统发送指令、查询信息等。MAXTRAD 系统的运行降低了贸易成本，加快了开证速度。荷兰银行具有全球性的网点，覆盖范围较大，同时，MAXTRAD 系统将离岸单证业务外包，这两个优势的结合，为客户创造的价值达到原来的二倍，实现了应收账款、预付账款等贸易结算的自动化。荷兰银行的网络技术推动了亚洲供应链金融的快速发展。

4. 墨西哥国家金融开发银行供应链金融发展的实践

墨西哥国家金融开发银行成功之处是运用在线方式，对供应链金融进行反向保理融资，是反保理业务的成功案例。反向保理是指保理商购买信用水平较高的买家的应收账款。在反向保理中，商业银行只需要评估买家的信用状况和盈利能力即可，资金的回收也是来自买家。开展此项保理业务的目的是建立小供应商和大买家之间的贸易联系，这种贸易联系降低了融资成本，提高资金的流动性，使融资困难、信用风险较高的小供应商凭借大买家的低信用风险获得信贷资金。

该银行为了能够解决中小企业的资金需求，从 2001 年 9 月开始实施反保理业务，2004 年 6 月，墨西哥国家金融开发银行已经成功与 190 个大型买家和70 000 个中小企业达成协议，建立保理联系。该银行的保理份额由最初的 2% 迅速提升至 60%，融资额大于 90 亿美元，平均每月营业额大于 60 万美元。

该银行主要是针对中小企业来开展业务，在线为中小企业提供供应链反向保理融资。帮助一些经济实力较弱的小供应商能够利用买家的强大实力和强大信用从银行处获取帮助，从而降低小供应商的信贷成本。

这项计划成功的主要原因在于通过在线交易极大地提高了业务办理速度，能够使资金快速到账，同时流程更加方便快捷，帮助供应商很好地实现了资金流转。

在这种模式下，该银行的资金有90％是对商业银行保理融资的再融资，其余10％是对拥有公共项目的客户提供融资。它提供服务不需要抵押品，没有追索权和服务费。中小企业在商业银行开立账户，通过电话或者网络在线注册，资金立即到达供应商账上，变成债务人，而商业银行变为债权人。中小企业偿还贷款，商业银行便回收了这笔贷款。

该银行反保理业务的成功，得益于电子交易平台的运用。正因为有了电子平台，使交易活动能够3小时内迅速完成，供应商会在交易日结束之后立刻收到资金，降低了交易成本，节省了交易时间。

二、UPS——物流企业主导的供应链金融模式

（一）UPS 简介

联合包裹服务公司（United Parcel Service, Inc., UPS），是世界上最大的快递承运商和包裹递送公司。UPS 是专业的运输、物流、资本与电子商务服务的领导性的提供者。UPS 的发展有其重要的转折点，供应链金融的产生与发展是其中之一。20世纪90年代初，UPS 除了在技术上增加投入以确保自身的快递业领头羊地位外，UPS 发现收购其他行业能带来利润，且开始注重服务业。同时，UPS 也意识到单纯地纵向扩张是不够的，但是 UPS 如果想要提供金融和物流服务，需拥有自己的银行和物流集团。在2001年，UPS 收购了美国"第一国际银行"，并入 UPS 资本公司，从此 UPS 开始为客户提供包括以存货、国际应收账款为抵押的贸易融资、代收货款等金融服务。进入新世纪之后，金融、物流、制造等产业快速繁荣，UPS 开始了积极的海外拓展。

UPS 供应链金融的发展，整体可以划分为三个阶段。

第一阶段是 UPS 供应链金融模式的萌芽期（20世纪80年代1995年）；这一阶段主要是 UPS 真正进入国际市场后业务量剧增，UPS 不断开发新技术，在配送货物处理信息的同时，UPS 开始注重服务。1993年，UPS 推出供应链解决方案，1995年，UPS 成立 UPS 物流集团，提供全球供应链解决方案和咨询服务。

第二阶段是 UPS 供应链金融的成长期（1996—2003年）；这一阶段，UPS

物流企业主导的供应链金融成形并迅速发展。1998 年，UPS 内设金融机构成立资本公司。2001 年收购"第一国际银行"，两年后变更为 UPS 资本商业信贷，专门为中小企业提供信贷、金融解决方案。

第三阶段是 UPS 供应链金融的成熟期（2004 年至今）。这一阶段除了物流服务外 UPS 也积极将供应链金融服务向海外拓展，中国是其主要战略市场。

（二）UPS 供应链金融的参与主体及其盈利模式

1. 萌芽期

UPS 随着业务量的提升，不断开发新技术，并开始注重服务，在此期间，UPS 推出了供应链解决方案。这一阶段，参与主体是 UPS 物流服务提供商以及供应链上的节点企业，而 UPS 的主要业务则是传统的快递服务。UPS 经过不断地发展壮大，共形成了四个支柱部门，分别是 UPS 包裹快递公司、UPS 物流公司、UPS 资本公司以及 UPS 零售。在供应链金融发展的萌芽期，主要运作的就是 UPS 包裹快递公司，负责的是传统的包裹、文件快递业务，而 UPS 在这一阶段的利润也主要来源于基础性服务。

2. 成长期

UPS 主要做的一件事就是内置金融机构，收购"第一国际银行"。这一阶段参与主体是 UPS 物流服务提供商、供应链节点企业以及金融机构。除了 UPS 包裹快递公司，UPS 物流公司以及 UPS 资本公司开始发挥着巨大的作用，UPS 资本公司主要负责内外部的金融服务。其中，由第一国际银行更名的 UPS 资本商业信贷成为 UPS 资本公司的组成部分，专门为中小企业提供信贷、贸易和金融解决方案。UPS 以自身传统的物流服务为基础，加入金融力量，创造出了新的利润源，这一阶段典型的核心业务包括增值服务和垫资服务。

（1）增值服务

UPS 利用其自身传统业务的优势，包揽进口采购企业及众多出口商之间的所有货运。而众多出口商愿意选择 UPS 的原因是 UPS 会在两周内将货款打给出口商，解决了出口商的现金流问题。同时，UPS 也会为出口商提供为期五年的循环信用额度，解决了部分中小出口商的融资难题。UPS 在这一阶段的利润来源包括传统的基础性服务，出口商所缴的手续费以及众多中小型出口商的融资。

（2）垫资服务

UPS 承运一批货物，当 UPS 拿到货物时先支付给发货方 1/2 的货款，这是 UPS 预付的；当 UPS 将货物送交至提货方时，提货方支付全部货款；UPS 将剩余 1/2 的货款交给发货方需要一段时间，而在这一段时间内 UPS 占有这一资金且不用付息。当 UPS 的业务量大而稳定的时候，UPS 就拥有了稳定的不用付息的资金池，UPS 可用此资金从事其他相关中小企业的贷款业务。UPS 在这一阶段的利润来源包括传统的基础性服务，也包括其提供的融资服务。

3. 成熟期

UPS 主要做的是业务拓展以及业务的持续优化创新，UPS 开始进军中国市场，致力于推出"UPS 全球供应链金融方案"。在这一阶段，除了 UPS 包裹快递公司、UPS 物流公司以及 UPS 资本公司，UPS 零售也开始发挥作用。UPS 零售主要是监管 UPS 所拥有的零售实体。UPS 的创新业务还包括 UPS 邮件创新、UPS 邮箱、UPS 3D 打印等零售业务。UPS 所提供的供应链解决方案及供应链金融方案为 UPS 带来了巨大的收益，同时，在 UPS 发展供应链金融的成熟期，国际业务带动 UPS 整个业绩的增长。

（三）UPS 供应链金融模式的特点

①主导方是物流企业，且物流企业提供设计融资方案并提供资金支持；在此模式下，物流企业首先需要有高度发达的产业资本。在传统业务的不断发展中，UPS 持续创新，很好地把握了新的利润源。

②有效降低风险。物流企业的主营业务承担着整个交易过程的物流，物流企业的全程参与使得其对交易过程的信息把握得非常准确。除了物流企业实时掌握信息外，物流企业实际还掌控供应链上节点企业的融资抵押物。即使出现问题，物流企业也可以利用自身对货物市场的了解进行抵押物的变现。因此，物流企业主导的供应链金融模式有效地降低了风险。

③内置金融机构。对于 UPS 成功开展供应链金融的案例，非常重要的一点就是 UPS 内置金融机构，这是供应链金融的参与主体之一，也就是金融机构得以顺利进入。

（四）自身拥有的资源能力和外部促成因素

1. 内部因素

第一，物流产业基础扎实。UPS 覆盖全球的服务网络以及硬件设施为供应链金融的发展提供了优厚的物质基础。第二，高信用和低资金成本。UPS 产业卓越的信用等级使 UPS 资本公司享受了较低的资金成本。第三，融资效率高。UPS 物流运输和融资业务的办理几乎是同时进行的，如此高的融资效率是一般的商业银行所不能比的。第四，风险控制成本低。整个融资过程，抵押物始终在 UPS 手上；又因为 UPS 熟悉供应链上的节点企业，即使出现违约状况，UPS 也能方便地将手上的抵押物变现。

2.外部因素

在分析企业集团所处的背景时，我们通常用政治，经济，社会，技术这四个因素来分析外部宏观环境。通过这四个因素来分析，首先美国很早就放开金融业混业经营，并且有法律确定混业经营格局；其次在经济方面，美国经济发展处于世界领先地位，在经济的不断发展中，经济结构也发生了变化，服务业比重不断上升，农业和工业比重不断下降；再次，美国社会的信用文化十分浓厚，信息公开也有法律保障；最后，信息技术的发展促进了管理现代化、高新技术的发展，为 UPS 供应链金融的成熟提供了良好的技术条件。

（五）UPS 供应链金融的发展过程

我们将 UPS 供应链金融的发展分为了三个阶段：第一阶段是物流产业迅速发展阶段，物流企业为客户企业提供物流服务，获得主营业务物流服务费用；第二阶段是物流产业已经高度发达，竞争激烈，利润空间下降，此时加入金融机构开展金融服务。一方面物流产业实力雄厚才能发展金融服务，带来金融服务收入；另一方面金融服务促进物流产业的发展，带来物流产业的增值；第三阶段是 UPS 供应链金融模式成熟后，不断拓展这种模式，占领海外市场。同时线上化供应链金融，提高操作效率。其供应链金融发展过程如图 6-2 所示。

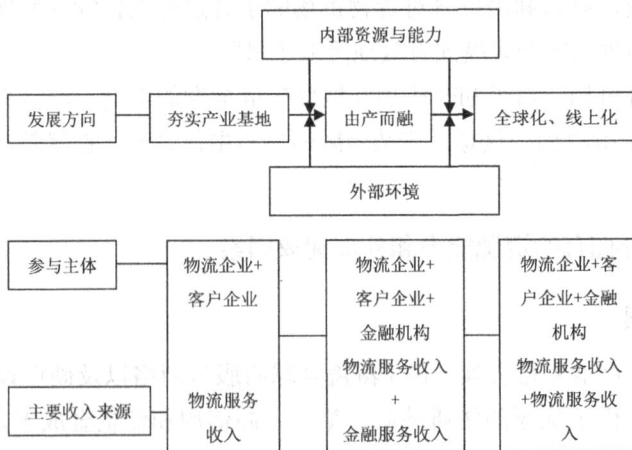

图 6-2　UPS 供应链金融发展过程

三、GE——核心企业主导的供应链金融模式

（一）通用电气简介

美国通用电气公司（简称 GE），创立于 1892 年，是世界上最大的提供技术和服务业务的跨国公司，GE 是在公司多元化发展中逐步成长为出色的跨国公司。GE 的多元化产品和服务是通过不断的创新、发明和再创造发展而来，从飞机发动机、发电设备到金融服务，从医疗造影、电视节目到塑料，GE 的业务推动着全球经济发展和人们生活条件的改善。

GE 一直被归入工业类公司，但是其金融业务对 GE 的贡献不容小觑。1980年时，GE 工业销售收入占 GE 总收入的 95％以上，而到 2000 年，GE 的金融收入已占 GE 总收入的 50％左右，可以说 GE 的金融业务为它带来了巨大的收益。GE 金融成立之初只是提供消费信贷业务，其目的是促进集团电气商品的销售。直至 20 世纪 80 年代，GE 金融大规模发展，不再局限于提供集团内部的金融服务，诸如客户、上游供应商等都能享受 GE 提供的金融服务。

GE 金融业务的发展可以分为三个阶段：第一阶段是 20 世纪 80 年代之前；第二阶段是 1981 年至 2000 年。这一阶段主要是杰克·韦尔奇执掌 GE，韦尔奇在这 20 年间带领 GE 从制造业巨头转变为以服务业和电子商务为导向的综合型企业，GE 金融业务在这一阶段创造了辉煌的业绩；第三阶段则是 2001 年至今。

（二）参与主体及其盈利模式

供应链金融的参与主体包括金融机构，物流服务提供商，供应链上的节点企业。GE 的金融部门资产规模达到 5000 亿美元，是全美排名第七位的银行。

在第一阶段，即 20 世纪 80 年代之前，GE 的金融业务主要针对集团内部，主要是为了扩大销售。在这一阶段，GE 金融只是集团的辅助部门，为其他子公司的客户提供融资服务以促进 GE 总体的销售业绩。在这个阶段，参与主体主要是供应链上的节点企业，包括 GE 这个核心企业以及其他 GE 的企业客户，GE 金融的重要性尚未彻底发挥。1980 年时，GE 整个集团总体销售收入的 95% 以上仍来自工业，GE 在这个阶段的盈利主要来自工业销售收入。

在第二阶段，也就是 GE 金融业务快速发展的阶段，GE 金融对于整个集团发展已经不可或缺。到 2000 年，GE 金融的销售收入已占 GE 集团总体销售收入的一半左右。在这个阶段，一方面，GE 金融依靠 GE 集团 A 级的高信用易于获得外界的融资，资金成本得以最小化；另一方面，GE 金融帮助集团其他子公司

的最终客户提供融资服务，帮助集团其他子公司扩大销售。与此同时，GE 金融获得许多产业资讯，为其拓展金融业务提供了良好的基础。GE 在集团内部先形成了一套金融模式后，再推广到集团外部。GE 金融最主要的业务就是融资租赁，而在融资租赁中又以飞机融资租赁业务为主。我们以飞机融资租赁业务为例，其流程如图 6-3 所示。

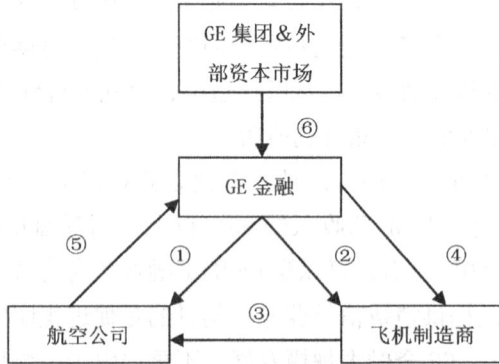

图 6-3 GE 集团飞机融资租赁业务流程图

①GE 金融与航空公司签订融资租赁协议；

②GE 金融向飞机制造商下达采购订单；

③飞机制造商向航空公司交付飞机；

④GE 金融支付货款；

⑤航空公司向 GE 金融支付租金；

⑥GE 金融获得集团内部及外界资本市场的融资支持：

在这一阶段，商务融资集团（GE COMMERCIAL FINANCE）充分担当了金融机构的角色，参与主体是商务融资集团，供应链上节点企业，包括 GE 这个核心企业以及其他 GE 的企业客户。GE 集团在获得主营业务收入的同时也获得了相当可观的融资收益。

在第三阶段，即 2001 年至今，GE 金融形成了其特有的模式，稳步发展，为 GE 集团的发展做出了重要的贡献。即使是在 2008 年全球金融危机的影响下，GE 金融仍为股东带来了 1.7% 的投资回报率以及 15% 的股本回报率。但也由于金融危机的影响，时隔多年，GE 在伊梅尔特的带领下做出了重返实业的重大决定，开始剥离金融业务，但是，航空金融服务、能源金融服务和医疗设备金融业务仍然会被保留。

（三）供应链金融模式的特点

1. 核心企业主导

企业集团与客户企业共同协商设计融资方案。在这种模式下，企业集团自身产业实力雄厚并拥有自己的金融子公司。企业集团即充当了核心企业的角色，又充当了融资提供方的角色。对于单笔交易额大，次数少，占用客户企业运营资金，限制卖方企业销售的交易，卖方企业为客户企业提供融资服务，减少客户企业资金压力，也促进自身业务增长。

2. 以融助产

企业集团拥有很强的综合管理能力，集团内部的金融子公司与集团其他子公司相互依存，金融子公司凭借集团总体实力获得低成本的资金，为客户企业提供融资服务，促进集团其他子公司的主营业务增长，增强集团的总体实力。在这种模式下，企业集团必须要有很强的综合管理能力。企业集团建立信息平台，共同掌握信息，协商确定抵押物的实际控制权。同时，企业集团需要兼顾产业风险与金融风险。

（四）自身拥有的资源能力和外部促成因素

1. 自身因素

第一，强大的产业支撑。GE 是世界上最大的提供技术和服务的跨国公司，资产雄厚，规模庞大。

第二，高信用低资金成本。与 UPS 相似，GE 金融可以利用集团的高信用评级从集团外部获取融资，资金成本较低。

第三，业务空间广泛。GE 集团本身的业务从电气设备到能源设施到塑料等等，产品类目跨度非常大，这就为 GE 金融业务的开展提供了广泛的空间。

第四，综合管理能力极强。GE 能够合理控制产业和金融的双重风险，商务融资集团有专业的人才团队，既有金融方面的专家，也有其他产业部门的人才。GE 集团各产业的人才通力合作，资源、信息共享，能够实行专业的管理。

2. 外部因素

GE 发展供应链金融业务所处的外部环境与 UPS 所处的外部环境是相同的。

第一是美国金融环境的不断完善，《格雷姆－里奇－比利雷法案》确立美国金融业混业经营的格局。同时，美国也不断出台鼓励技术创新的政策，GE 集团抓住新政策不断扩展业务。

第二是经济方面，除了经济结构的变化以及美国作为经济强国的优势，经济全球化的大趋势也为 GE 集团的总体发展提供了良好契机，也为 GE 金融的发展提供了契机，GE 金融与 GE 集团其他产业部门的运作相辅相成。

第三是美国社会浓厚的信用文化以及有法律保障的信息公开制度推动了 GE 金融业务的发展。

第四，不仅是信息技术的发展促进了现代化的管理、高新技术的发展，GE 的管理技术也是与日俱进，不断适应外部环境的变化。

（五）GE 供应链金融的发展过程

我们将 GE 供应链金融的发展也分为三个阶段。

第一阶段是 GE 工业产业迅速发展的阶段，GE 主要依靠研发、生产、销售产品获利，并不断发展壮大，成为信用良好的大型集团。

第二阶段是 GE 在杰克·韦尔奇的带领下大力发展金融业务，商务融资集团成为集团举足轻重的组成部分。开始只为客户企业提供融资服务以促进销售，之后在发展中不断涉及供应链上的上下游企业，也开始涉足其他领域的投融资服务；GE 金融在帮助集团内部其他产业部门增收的同时，GE 金融的金融业务收入已令人瞩目。

第三阶段是 GE 供应链金融模式成熟后，除了在不同的领域不断拓展这种模式，GE 金融也把目光投向了海外市场。同时在供应链金融线上化的发展下，不断提高供应链金融的效率，取得了不菲的成绩。其供应链金融发展过程如图 6-4 所示。

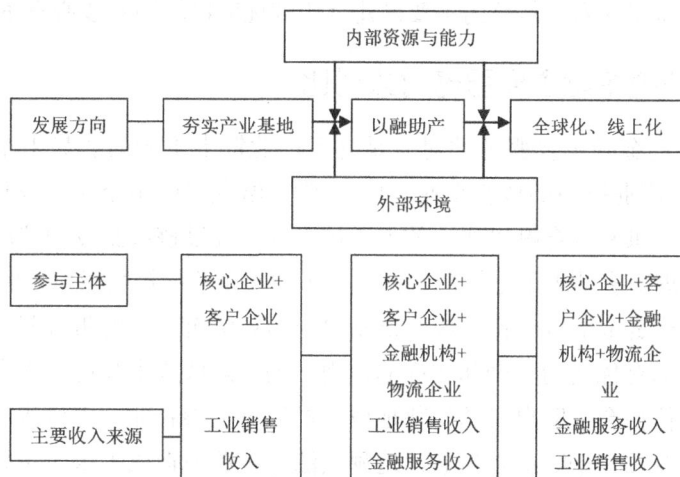

图 6-4 GE 集团的供应链金融发展过程

第三节 国内外供应链金融的对比

一、供应链金融参与主体对比

由于供应链金融业务在国外发展时间比较长，模式也比较成熟，相对于国内开展供应链金融业务的主体主要是银行，国外参与供应链金融的主体更加多元化。

中国由于受银行分业经营，供应链金融业务中提供资金和进行相关结算的主体主要是商业银行，第三方机构参与度较小且主要是协助商业银行进行融资业务。银行对中小企业授信，委托第三方机构对借款企业和担保品进行评估和管理控制，或者银行对整个供应链授予一定额度，由核心企业按银行规定对供应链上所需贷款的企业分配额度。

由于国外金融监管环境较宽松，金融机构实行混业经营，开展供应链融资的主体更加多元化。既存在商业银行、保险公司、基金公司等借款给中小企业并委托第三方机构对借款人和质押存货进行评估管理，同时，又存在物流企业和大型企业集团成立专门的金融部门等独立开展供应链金融业务，对于需要融资的中小企业来说供应链融资渠道更加多元化和通畅。

值得注意的是，国内外商业银行开展供应链金融业务的动机存在着一定差异。在国外，商业银行开展供应链金融业务的初衷是为了吸引大客户，拓展新的客户关系；而在国内，其目的主要是建立比较优势以增强其核心竞争力。

二、供应链金融主要服务对象对比

国内供应链金融主要服务的对象是处于产业链上下游的弱势中小企业群"N"，而不是产业链中的核心企业"1"。为了给众多中小企业融资和出于风险控制的考虑，供应链金融以协议的方式被引入，并以核心企业的信用作为媒介，供应链管理更多地表现出松散特征，对于中小企业的控制能力较弱。

国外的供应链金融偏重解决核心企业"1"的成本、销售、账期、回款等问题。核心企业普遍拥有优质的资产和较高的信用。为了降低成本和提高资金使用效率，核心企业往往会借助自身的优势地位，推迟对上游企业的支付货款，并提前要求下游企业预付采购款。显然，这种做法只是单纯把成本压力转嫁给了供应链环节内的其他主体，并没有实现整个供应链条内的利益共通，从而导致整个供应链成本高企，企业之间的关系紧张。

国外的核心企业集团通过设立金融部门或与商业银行合作等方式切入供应链金融领域，缓解了整条供应链上的上下游中小企业资金被侵占的问题，从而实现整个供应链条财务成本的最小化。

三、供应链金融主要融资方法对比

国外的供应链金融业务融资模式比较丰富，允许的担保品种也多种多样。应收账款融资、订单融资和存货质押融资业务都发展得较为成熟，其中存货品种的涵盖面包括农产品、原材料、产成品、半成品甚至在制品等。

目前，中国国内业务开展较多的业务种类为应收账款融资，发展比较成熟。存货质押融资等业务融资方式近几年虽然发展较快，但其质押品种选取面还较为有限。总体来说，国内的供应链融资方式及担保品种相对于国外成熟的体系来说还是有一定差距的。

四、供应链金融模式的对比

（一）供应链金融模式类型

以主导方划分，供应链金融模式主要分为三种，第一种是物流企业以产业资本为主导的供应链金融模式，它是物流企业根据自身强大的物流产业优势，在掌控抵押物的基础上为客户企业提供融资服务，同时获得物流服务以及金融服务的收入。第二种是银行以金融资本为主导的供应链金融模式，这种模式是银行根据自身金融服务经验丰富的优势，创新产品开拓市场，为客户企业提供融资服务，获得金融服务收入并形成新的竞争优势。第三种是企业集团合作模式，这种模式实际上是核心企业主导的供应链金融模式，核心企业以其高信用为基础，为客户企业提供融资服务以促进企业集团的主营业务收入，同时获得金融服务收入。

第一，在供应链金融模式成熟阶段，参与主体是相同的，包括金融机构，供应链上的节点企业以及物流服务提供商。UPS 供应链金融模式中，由于是物流企业主导，因此物流企业处于最重要的位置。深发展供应链金融模式中，物流企业是与银行展开合作，各自发挥各自的长处，各自获取各自的利润，相互促进。而在企业集团合作模式下，主导方是核心企业，物流服务提供商的作用稍微弱些，负责的是传统的物流服务。因此，在企业集团合作模式下，物流企业被提及的较少，但是也不可否认物流企业的作用，早在 1970 年，GE 集团就开始开发自己的物流。

第二，在对三种模式的供应链金融的研究中发现，它们有着许多相同的资源和能力，与此同时，外部的促成因素也有相同之处。UPS 和 GE 集团都拥有强大的产业基础，自身资金实力雄厚，同时还能够依靠 UPS 以及 GE 集团的 A 信用评级获得外部低利率的资金支持。而深发展本身是金融机构，资金实力可见一斑。因此，这三种模式的发展都有雄厚的资金支持。

第三，深入供应链，与供应链上的节点企业都有着千丝万缕的联系。UPS 作为物流服务提供商，是连接供应链上节点企业的关键点。也正是因为 UPS 十分熟悉供应链上核心企业以及上下游企业，才能使 UPS 有独到而高效的违约处置机制。而深发展的"1+N"模式更是专注于供应链上的节点企业，以核心企业为契机，不断营销发展上下游企业。GE 开始只为其大型客户提供融资服务，而在之后的不断发展中，也开始将业务拓展到供应链上的其他上下游企业。因此，供应链金融模式的成熟离不开主导方与供应链上各成员关系的开发与维系。

第四，融资效率高，UPS 就不用说了，其物流运输和融资业务的办理几乎是同时进行的。GE 主要的业务是融资租赁，在双方签订融资租赁协议后即可实施，其融资效率也高于一般的金融机构。深圳发展银行的融资效率，尤其是针对中小企业的融资效率也高于一般的商业银行，因为它的供应链金融业务本就是为中小企业量身定制的。再加上供应链金融的线上化，更是提高了供应链金融的融资效率。

第五，综合管理能力强，GE 集团的综合管理能力是有目共睹的，GE 的业务种类繁多，涉的领域较为广泛，旗下各个子公司能够发展成为各个领域的佼佼者，与 GE 的综合管理能力是分不开的，GE 在促进产业发展的同时还需要促进金融的发展。深发展与 UPS 的供应链金融模式，都涉及了物流企业，商业银行以及供应链上的节点企业，无论深发展与物流企业合作还是 UPS 内置金融部门，都需要良好的综合管理能力。

第六，风险控制能力强，UPS 由于能够掌控抵押物，而且有独到的违约处置机制，它的风险控制能力很强并且风险控制成本低。深发展作为金融机构具有专业的金融人才，商业银行在选择金融工具、确定风险管理方法、设计融资产品模式等方面都有一定的优势。因此，深发展也具备良好的风险控制能力。GE 虽然没有商业银行的专业优势，也没有实时掌控抵押物，但 GE 对风险控制极为重视，商务融资集团有专门的风险控制部门，引进优秀的金融人才。此外，商务融资集团有自己的审计部门，审计的原则主要就是防范风险。

在对不用模式的供应链金融的研究中，我们可以清晰地发现其中的相似之处，这些相似之处可以为我们解答第一个问题，也就是供应链金融模式成功的因素。

第一，供应链金融的运作模式需要多方参与，主要包括金融机构、物流服务提供商以及供应链上节点企业。其形式可以多样化，无论是物流企业内置金融机构，还是金融机构积极寻求与物流服务提供商的合作，都有其成功之道。

第二，成功的供应链金融模式其主导方需要具备一定的资源和能力。这些资源和能力包括雄厚的资金实力、与供应链成员的紧密联系、高融资效率、良好的综合管理能力以及较强的风险控制能力。

第三，成功的供应链金融模式需要有外部环境的支持。具体而言，经济大环境是繁荣发展的；社会信用文化盛行，信用体系建设不断完善；信息技术能为现代化经营提供技术支撑，管理理念也能够处于不断创新的状态。

(二) 不同模式的供应链金融在中国发展的限制因素

不同的供应链金融模式除了相同点外，也存在许多不同之处。

第一是主导方不同，各自拥有的资源和能力会有差异，主导方不同究其原因是开展供应链金融的出发点不同。产业资本主导的供应链金融模式是由产而融，在获得传统业务收益的基础上新增金融收益；金融资本主导的供应链金融模式是以业务创新来获取新的利润增长点，以形成新的竞争优势；企业集团合作模式是以融助产，初始目的是扩大产业收益。

第二是对信息的掌控也有差异，UPS 能够实时掌控抵押物，也就能够实时掌控信息。GE 是企业集团建立信息平台，共同掌握信息，协商确定抵押物的实际控制权。深发展是主导建立信息平台，积极引入物流企业和客户企业以实现信息共享。

第三是适用对象不同，产业资本主导的供应链金融模式，适合大型物流企业及其核心客户企业。金融资本主导的供应链金融模式适用于商业银行及广泛的中小企业。而企业集团合作模式则适合大型企业集团及其大型核心客户。

第四是法律门槛不同，产业资本主导的供应链金融模式和企业集团合作模式的法律门槛较高，需要混业经营合法化的大环境。而金融资本主导的供应链金融模式则没有法律的准入限制。在很大程度上，美国较早地放开分业经营的限制，是产业资本主导的供应链金融模式以及企业集团合作模式迅速发展的主要原因；而我国限制混业经营的大环境使得像 UPS 和 GE 这样的经营模式很难出现，在很大程度上也就为商业银行开展供应链金融让出了一条道路。

我国供应链金融的发展是商业银行以金融资本为主导的模式，在深圳发展银行推出供应链金融业务之后，广发银行、浦发银行、兴业银行、华夏银行、招商银行、民生银行以及一些传统国有银行都纷纷开始涉足供应链金融领域。通过之前的比较分析，物流企业以产业资本为主导的供应链金融模式以及企业集团合作模式需要较高的法律门槛，我们不难发现，这两种模式的供应链金融目前在中国难以开展。我国的法律环境是限制这两种供应链金融模式发展的主因。而商业银行以金融资本为主导的供应链金融模式并没有法律准入限制，这使得我国商业银行能够积极开展供应链金融业务。

虽然商业银行开展供应链金融没有法律准入门槛，但是，我们不能否认商业银行主导的供应链金融模式在国内的发展也存在很多限制。

第一，在法律环境方面虽然取得了准入资格，但是与供应链金融相配套的法律法规并未完善。国家鼓励商业银行金融服务创新，尤其是对中小企业提供金融服务，也出台了一系列的政策，但是对于动产担保、物权法、浮动抵押等与商业银行相关的法律，还没有进一步完善。

第二，我国的信用体系建设也不完善，开展供应链金融需要较为浓厚的信用文化氛围，需要完善的信用体系作为支撑。但是我国的信用体系建设处于起步阶段，全国企业信用信息查询系统的建立是信用建设方面的一大进步，但是可供查询的企业并不全面，而且涉及的企业相关信息极少，信息的公开也有待完善。

第三，无论是信息技术还是管理技术都是供应链金融发展的成功因素，我国信息技术的发展与应用起步较晚，相较于发达国家有一定的差距。我国的许多商业银行并不具备发展供应链金融所需的技术要求。

第四，发展供应链金融需要较强的综合管理能力，我国的商业银行长期从事金融工作有一定的专业优势，但是一旦涉及与物流服务提供商广泛开展合作，开发供应链上下游企业等，则会显示出综合管理的欠缺。

第五，我国的商业银行对于中小企业的融资许多时候抱着"惜贷"的态度，这其实是商业银行风险控制能力较弱的表现。这其中有中小企业的问题，也有商业银行自身风险控制能力的问题。

第六，我国商业银行与供应链成员的关系较弱，一方面是供应链的不稳定，核心企业对供应链成员的管理有待加强；另一方面是商业银行出于风险控制的考虑并未大力开发供应链上的中小企业，更不用谈与中小企业的紧密联系了。

由此可以看出不同模式的供应链金融在中国发展的限制因素，物流企业以产业资本主导的模式以及企业集团合作模式暂时被排除在了法律大门之外。但是随着政策的渐渐开放，也可以发展物流企业主导与商业银行合作的模式以及核心企业主导与商业银行合作的模式。商业银行以金融资本主导的供应链金融模式在中国发展的限制因素包括以下六点：配套的法律法规不完善；信用体系建设不完善；技术水平落后；综合管理能力弱；风险控制能力弱；与供应链成员关系不紧密。

（三）不同模式的供应链金融的适用对象

物流企业主导的供应链金融模式适用于大型物流企业及其核心客户；金融机构主导的供应链金融模式适用于商业银行及广泛的中小企业；企业集团合作模式适用于大型企业集团及其核心客户。企业集团合作模式以及物流企业主导的供应链金融模式，先不论它们在中国是否能够顺利开展，对于中国规模庞大的中小企业而言适用度是较差的。企业集团合作模式主要针对的是企业集团的核心客户，企业集团与核心客户的交易有单笔交易额大，次数少的特点，根据中小微企业的分类情况，我们可以发现这些核心客户也往往都属于大型企业的范围。而物流企业主导的供应链金融模式，主要针对的是物流企业的核心客户。物流企业的核心客户会涉及一部分的中小企业，但并非全都是中小企业。

商业银行主导的供应链金融模式是适用于中小企业的，并且是专门为中小企业而设的。但是，在前面两节的研究中我们可以发现，商业银行主导的供应链金融模式是在寻找到核心企业的基础上，顺着供应链发展供应链上的其他企业。因此，商业银行主导的供应链金融模式适用的中小企业需要处在稳定的供应链上。这一点也与前人的研究相吻合，关于我国中小企业融资难的研究，主要集中在融资难的原因的分析上，得出中小企业存在自身信用状况较差，管理水平落后，经营风险大，制度不健全，信息不透明等问题。这些问题说明了中小企业很难处于稳定、信用状况良好的供应链上，也就说明了这些中小企业很难适用于商业银行主导的供应链金融模式。供应链金融模式并不是同样适用于中小企业，且商业银行主导的供应链金融模式也并不是适用于所有中小企业。

第四节　国外供应链金融发展经验启示

一、商业银行主导的供应链金融发展启示

（一）国内外商业银行供应链金融的发展

国外与国内商业银行的区别在于：国外商业银行从起初发展供应链金融服务开始，就以应收账款作为抵押，将核心企业作为融资的主要评估对象，充分运用电子网络作为供应链成员融资的平台，并对发票、订单等信息进行公示。而国内商业银行一直是以存货作为抵押物，与第三方物流企业合作，结合核心企业的信用状况，为供应链成员提供授信服务。

国外商业银行发展供应链金融业务是为了解决全球化背景下，供应链成员资金的流动性不足对整个供应链稳定性的影响；国内商业银行的供应链金融业务是资产支持性贷款，后来借鉴了国际商业银行的实践经验，把核心企业的信用和资产状况作为重要的评估的对象开展此项业务。

国外与国内商业银行发展供应链金融的初衷的区别在于：国外商业银行是为了防止在全球化背景下，老客户的流失；国内商业银行是为了发展中小企业这一新型的客户群，为中小企业提供授信服务和新的盈利机会。

与国际商业银行相比，国内商业银行在供应链金融发展上处于起步阶段，由于技术手段、制度环境、市场环境等方面的欠缺，还存在很多明显的问题。但是，不可否认，我国商业银行供应链金融有着继续良好发展的机遇。

第一，社会化大生产下，供应链金融发展已成为必然趋势。为了进一步巩固供应链关系，提高管理效率，供应链中的中小企业对资金有着强烈需求。为了盘活中小企业的资金，加大对其的支持力度，对供应链金融提出了新的要求。

第二，供应链中的核心企业资金和信用状况良好，对于商业银行而言是优质客户。商业银行想要维持与核心企业的关系，必然加大力度发展供应链金融。对于核心企业而言，为了提高供应链的运行效率，必然对供应链金融有着强大的需求。

第三，近几年来，随着盈利能力逐步下降，国内商业银行急切需要寻找新的利润增长方式。供应链金融能够为商业银行提供稳定的中间收入、较低的信贷风险，融合了先进的技术和防范风险的理念，更能适应现代市场的需求。

（二）对我国银行供应链金融管理的经验借鉴

国际银行在刚开始开展供应链金融业务时就很重视核心企业的风险管理，尤其是对核心企业的应收账款加以关注并重视，将核心企业的应收账款融资作为银行发展供应链金融业务的一个重要方向。国内商业银行的供应链金融业务主要采用"存货融资"为主线。

分析国际银行供应链金融业务的模式，可以发现其主要差别在于：国际银行一直更加侧重的是解决"1"的问题，也就是供应链中所有成员的融资瓶颈对供应链的稳定性和成本会产生怎样的影响，而银行更加重视的是在"N"即向贷款企业提供资产支持性贷款。为了进一步规避贷款风险，银行应当更多地向国际银行学习，要自始至终关注整个供应链的稳定性和成本变化。

就当前的情况来看，我国供应链金融处在发展的初期，国内供应链金融的发展还存在一些明显的缺陷和漏洞。但是银行依然具有发展供应链金融业务很好的契机，归纳起来看，主要有以下几个因素使得供应链金融业务成为可能。

第一，国内供应链金融模式的发展是大势所趋，核心企业随着市场竞争的加大和资金压力的加大，其在发展过程中对供应链管理的需求会不断提升。

第二，由于我国大部分中小企业的生存和发展是需要依附于某些核心企业的，其需要在供应链条上实现自身的发展，这就要求银行的供应链金融服务更加的专业和全面。

第三，供应链金融业务是一项包含了传统流动资金贷款、相关负债中间业务以及国际贸易融资的一项新兴业务，其需要更加先进的技术手段和风险管理理念，专业的供应链金融业务是有很好的市场适应能力的，能够帮助商业银行或是物流企业更好的抵御未来可能产生的金融危机和市场风险。

1. 优化发展环境

金融环境与供应链金融的发展息息相关，因此，发展供应链金融必须营造良好的宏观金融环境。

（1）完善法律法规，提高执行效率

大量的研究证明，债权人权利的保护与信贷市场的发展具有明显的正相关关系。供应链金融是以动产作为抵押资产开展的融资服务，动产担保物权的法律法规的完善性将影响供应链金融业务发展的安全性，进而影响商业银行对于开展这类业务的主动性。纵观信贷市场发达的国家和地区，都制定了专门的动产担保物权法。我国应该借鉴国际上先进的经验，从以下四个方面考虑，构建法律体系，加强供应链金融的执法，制定责任追究办法，降低商业银行的风险：一是扩宽动产担保物的范围，特别是要将动产抵押包含在内；二是为了避免重复登记的问题，考虑设立动产抵押登记机构，建立动产担保抵押登记系统；三是明晰并建立动产担保的优先权原则，对商业银行的权利进行明确；四是建立针对物权的执行制度，提高法律执行的效率。

（2）转变监管模式，促进业务创新

针对当前监管供应链金融面临的问题，金融监管部门要积极适应新形势，转变监管观念，促进监管方式由合规性监管向风险监管转变，监管重点由针对具体流程的管理向对整体风险的管理转变。供应链金融监管的思路要充分考虑风险控制的差异性，客观评价担保物的缓释作用并区别对待保证金效应。同时，为了完善我国金融监管机构对供应链金融的监管模式，商业银行还要加大对供应链金融的宣传力度，提高监管部门对该项业务的重视以及认知程度，使监管部门逐步认识到监管面临的问题为供应链金融的创新发展营造良好的监管环境。当然，监管部门在转变监管模式的时候，也不要忘记严格检查供应链金融的合规性，最大程度地降低潜在风险，避免违规操作。

2. 优化营销渠道

针对供应链金融重视不足的问题，商业银行应该认识到当前面临的新形势、新任务，明确"在线供应链金融"将成为下一轮新的利润增长点的奋斗目标，及时了解中小企业的需求，根据自身的特点，制定适合供应链金融发展的营销策略，塑造品牌效应。

首先，商业银行要建立专门的供应链金融营销部门，对供应链金融营销集中管理，协同联动；其次，商业银行要重视中小企业的重要作用，在全行范围内突出中小企业的地位。加大宣传力度，通过广播、电视、网络、报刊、短信的形式构建"五位一体"宣传格局，形成整体合力，积极拓展中小企业优质客户，吸引它们参与到供应链金融业务中；最后，要充分发挥客户经理的作用，构建客户经理制营销方式。由于客户经理有着广泛的客户资源，对客户的需求、忠诚度比较了解，因此供应链金融的深化推广离不开客户经理的营销。商业银行要继续依赖客户经理及既有的服务网点，让其为供应链金融提供全方位的服务，建立客户与商业银行沟通的桥梁。要建立针对供应链金融的监督与激励机制；

通过多种形式，持续不断地对客户经理的营销技巧和职业素养进行培训；推进传递信息的科学化和规范化，切实发挥客户经理的重要作用。

3. 缩短信贷时间

针对当前信贷审批时间长、效率低，而供应链中的中小企业对资金的需求比较紧急的情况。我国商业银行可以尝试受理室模式。这种模式一方面在总、分行均单独设立供应链金融管理部门受理室。受理室的职能是对供应链金融的申报项目的合规性进行审查。受理室如果发现项目有申报的材料、形式、质量等方面不合规的情况，将项目退回，如果发现项目合规，该项目将进入审批阶段。另一方面，商业银行可以构建一套专门的考核机制。总行授信审批部参考系统的相关数据，定期通报结果，对于退回较多的行，将通过提示、教育、整顿等方式加以管理。并且，为了督促分行提高对供应链金融的重视程度、严肃项目检查流程，总行可以将申报项目的数量以及质量作为分行绩效考核的指标之一。商业银行应该要求审批部对于符合条件的项目在两周之内完成审批，资料报送时间可以根据具体情况顺延。同时，根据项目的类型不同，设定不同的审批时效。在这种模式下，总、分行可以同时对该项业务进行受理，改变了过去逐级审批的弊端。虽然可能会增加一定的工作量和机构设置的数量，但是却能够及时满足中小企业的信贷需求，缩短信贷审批的时间。

4. 构建风险控制体系

传统信贷业务风险控制的重点是对企业资产负债表的分析，是静态的分析，主要是防范信用风险。而由于供应链金融强调的是真实的贸易背景，不只依赖授信主体，因此风险管理风险控制的重点是对供应链的物流和资金流的分析，是动态的控制，不仅要防范信用风险，还要考虑操作风险、市场风险。

供应链金融的风险管理体系构建策略。

第一，适当调整评级标准。商业银行原有的评级标准一般较高，中小企业很难满足要求。商业银行要适当调整标准，在充分考虑供应链金融特殊性的基础上，除了要了解中小企业的财务、信用状况，还要考察核心企业以及双方的交易状况，研究一套适合中小企业的评价方法。这套标准不只单纯考虑财务指标，更加注重经营效率以及盈利能力。

第二，加强对行业和抵押物的监测。供应链金融的交易经常涉及一个产业链，商业银行要把握经济发展的方向，时刻对行业的政策、供求关系等进行监测，选择一些国家支持的行业提供资金支持。商业银行也要正确选择价格稳定的抵押物，设置抵押率，同时要时刻关注抵押物价格的变化，在抵押物价格大幅度下降时，要及时要求追加保证金。

第三，注重市查贸易的真实性和价款的正确性。商业银行要严格审查交易合同、单据，确保供应链交易的真实性和价款的正确性，并经常抽查。例如，在开展应收账款融资时，不仅要检查应收账款的合法性，而且要对应收账款的价值正确评估。评估应收账款的重点是评估偿还账款的主体，因为付款人的财务状况与账款的能否顺利回收息息相关。

5. 推进金融创新

现代金融的发展离不开创新，对于供应链金融也是这样的。为应对供应链金融市场的竞争，商业银行要积极推进金融的创新。

第一，构架特色化的服务体系。不仅要设计专门的机构开展供应链金融业务，还要通过专业化的研究，提升供应链金融的效率和质量，促进该项业务的创新发展。商业银行要准确定位市场，借鉴成功的经验，采取差别化的竞争模式，构建集产品研发、风险控制、市场营销于一体的专业化、特色化的供应链金融服务体系。设计出适合自己的品牌方案，形成具有影响力的品牌形象，提升商业银行的服务水平。

第二，丰富供应链金融产品的种类。为满足客户的不同需求，商业银行要紧密结合市场需求，开发设计出针对不同公司、期限、抵押物的个性化的供应链金融产品。同时也要对这些新设计的产品加强宣传力度，加深客户对这些产品的特点的了解。供应链金融产品要具有专业化、精细化的特点。专业化是指产品的开发要适合特定的企业；精细化是指对现有的产品，优化功能，创新出不同于其他商业银行的特色产品。

6. 推行实时监管

第三方监管已经成为供应链金融不可缺少的成员。第三方监管机构一方面能够对抵押物妥善保管，确保实物的安全，另一方面能够对供应链交易实时监管，及时觉察风险。第三方监管机构的引入虽然增加成本，但是却有效地降低了商业银行的风险，提升供应链金融的效率。商业银行要充分肯定第三方监管的重要作用，使其很好地为供应链金融业务的开展服务。为了解决第三方物流公司参差不齐的问题，商业银行也要对其的准入有一定的要求：

第一，要有独立的法人资格，有固定的场所，能够独立承担民事责任；

第二，要求一定的经营资格，确保其合法经营；

第三，必须具有良好的信誉；

第四，要有完善的商品检验技术、先进的硬件设施以及良好的存储条件；

第五，要求第三方物流公司严格按照协议内容对抵押物监管，配合商业银行的业务，并与其保持密切联系，保障其合法权益。

此外，商业银行在开展供应链金融业务过程中，也要对由第三方物流企业带来的风险进行管理。

7. 加强信息平台建设

信息的畅通性是保证供应链金融能够健康发展的重要平台。虽然近年来，我国商业银行的信息技术已经取得了较大的进步，但与国际先进水平还有一定的差距。商业银行急需要联合各方的力量，共同搭建信息网络平台。建立网络化的系统能够提高供应链成员之间交易的快速反应能力，简化操作程序，降低人工操作的成本，使信息流、资金流、物流环环相扣，为供应链金融提供强大的技术支撑，从而减少供应链金融的信息不对称以及逆向选择，提高运行效率，为中小企业提供更贴心的服务。商业银行可以从以下三个方面入手。

一是要建立信息技术管理机构。技术管理机构负责对供应链金融网络系统的信息进行收集和处理，确保网络系统能够顺利运行。

二是在技术上，建立供应链金融网络信息系统。网络信息平台包括贷前对合规性的审批、贷中对安全性的监控的管理，充分了解供应链的交易情况并进行动态监管。

三是设定统一的技术标准。技术标准的设定使商业银行每个员工都能够严格执行规定要求，是保证系统顺利运行的前提。

8. 加大人才培养

供应链金融能否持续、稳定发展的一个关键的因素是，是否拥有专业性的人才。尤其是当前，国内供应链金融处于初级阶段，更需要专业性的人才。因此，要逐步完善供应链金融人才培育机制，培养出复合型的人才。

第一，针对已经在岗的商业银行从业人员，要通过多种方式对其进行培训。要定期不定期的邀请专家举办专题讲座，对金融、物流、财务、信息等供应链金融涉及的知识培训，完善知识的结构；选派员工前往国外比较成功的商业银行学习、实地考察，提供综合素质、拓宽眼界、加强交流，并对学习的成效进行考核；加强法规教育，提高职业道德素质，培养员工主人翁意识。

第二，加强与高等院校的合作。一方面加大商业银行对高校供应链金融科研的支持力度；另一方面，可以在各个高校设置与供应链金融相关的专业，为该项业务发展培养后备军。例如，深发行早在 2010 年就与复旦大学签订了银校合作战略协议，在人才培养、理论研究等方面合作，实现共赢。国内商业银行要向深发行学习，不断与高等院校交流，促进自身发展。

第三，要引进优秀人才。多种渠道向本行引进实用性、高素质的人才，提高供应链金融团队的整体素质，为商业银行发展带来新的思路，帮助其增强市场竞争力，促进供应链产品的成功研发。

第四，加强文化建设。积极营造良好的文化氛围，提升员工彼此合作的默契，增强员工的自豪感以及认同感，提高整个供应链金融团队的凝聚力和向心力，强化信贷风险的抵御能力，促进供应链金融业务的平稳发展。

二、物流企业主导的供应链金融发展启示

通过对 UPS 成功发展供应链金融的研究分析，我们可以发现物流企业主导的供应链金融模式的成功包含物流企业自身的因素以及外界环境的因素。由此，我们也可以得到一些对物流企业的启示。

（一）积极主动引导多方参与

物流属于供应链流程的一部分，也是不可或缺的一部分。在市场竞争日益激烈的情况下，物流企业在传统业务的基础上需要不断创新获取新的竞争优势。积极主动地寻求与金融机构以及供应链上节点企业的合作，引导其他各方有序地参与到创新业务中，各取所需，实现多方共赢。

（二）夯实产业基础

UPS 成功开展供应链金融是以强大的产业基础为支撑的，无论是其覆盖全球的服务网络和硬件设施为供应链金融发展带来便利，还是其 3A 级信用为供应链金融的开展带来资金优势，都是 UPS 物流产业发展到一定高度才具备的。因此，物流企业无论是否主导开展供应链金融，都必须先夯实自身的产业基础。

（三）充分利用自身的资源和能力

物流企业承担着供应链流程的重要部分，也就是物流环节，应明确自身的优势，充分发挥自身的优势。UPS 利用自身对"物"的实时掌控，以及对供应链上节点企业的熟悉，以较低的风险开展供应链金融，并且不断拓展自身的业务。因此，物流企业应挖掘自己的资源和能力，充分利用这种资源和能力来进行业务创新。

三、核心企业主导的供应链金融发展启示

通过对 GE 集团成功发展供应链金融的研究分析，我们可以发现核心企业主导的供应链金融模式对核心企业的要求较高。核心企业作为供应链上的重要一环，深切影响着整体供应链的发展。GE 集团的案例给了我们一些对核心企业的启示。

（一）重视供应链上其他企业

核心企业需要肩负整条供应链的协调之责，以积极的态度对待供应链上的其他节点企业，而不是一味利用自身核心企业的地位向供应链上的其他企业转移资金压力。GE 集团初始的金融业务就是针对客户企业，缓解客户企业资金压力。GE 在帮助客户的同时，也实现了自身的飞跃。因此，供应链上的核心企业需要重视供应链上其他的节点企业，给予必要的帮助。

（二）夯实产业基础

这一点，GE 给我们的启示与 UPS 所给的启示相似。GE 成功开展供应链金融也是以强大的产业基础为支撑的，GE 业务种类繁多市场很大，并且 GE 集团长期 3A 级信用也为自身带来了较低的资金成本。因此，核心企业只有先夯实自身的产业基础，提高自身的信用，才能为整条供应链带来良好的效益。

（三）提高自身综合管理能力

核心企业除了管理自身主营业务外，还需要进行供应链管理，将供应链上的其他企业作为"部门"进行管理协调。同时，对于主导开展供应链金融的核心企业而言，还需要有专业的人才团队，进行产业和金融的双重风险控制。GE 金融服务公司的人才团队，既有金融方面的专家，也有其他产业部门的人才，良好地实现了专业的管理。因此，核心企业需要提高自身的综合管理能力。

四、不同主导方供应链金融模式的发展建议

（一）积极开展多方合作

物流企业在为客户企业提供服务的基础上可以开展与金融机构的合作；金融机构在为客户企业提供融资服务的时候可以寻求与物流企业的合作；供应链上的核心企业应发挥供应链上的主导作用，在提高供应链管理能力的基础上可以主动开展与金融机构的合作。

（二）加强互联沟通联系

商业银行以金融资本主导的供应链金融模式在发展中，应保持与供应链各成员的沟通联系，提高自身的融资效率、综合管理能力以及风险控制能力。

（三）完善相关法律法规

政府部门完善相应的法律法规，为供应链金融的发展提供良好的法律环境。一方面，完善《担保法》《合同法》等与商业银行开展供应链金融相配套的法律法规，促进商业银行开展供应链金融；另一方面，找准时机逐渐的打开另外两种供应链金融模式的法律准入门槛，促进供应链金融模式的多元化发展。

（四）完善企业信用信息系统

加强社会信用体系建设。综合工商部门、银行、税务系统等方面的信息，共同建立一个完整的企业信用信息系统，并且做好信息公开工作，为商业银行开展供应链金融提供良好的信用环境。

（五）加强供应链管理与技术

对于中小企业，在提升自身实力的基础上，应重视供应链管理。积极寻求稳定的、信誉良好的上下游伙伴，使自身处于稳定的供应链上，提高获得商业银行融资的机会。

充分运用信息技术及管理技术。信息技术及管理技术有助于实现供应链金融的高效率运作及现代化管理。充分利用信息技术搭建信息平台实现信息共享，有助于降低供应链金融运作的风险。

第七章 互联网供应链金融行业的前景展望

互联网供应链金融随着大数据、人工智能、区块链等技术的成熟，各个互联网平台将有可能联系在一起，构建一个信息共享、资金充足、融资模式多样、风控能力强大的供应链金融系统。本章分为互联网供应链金融的发展趋势、我国供应链行业发展的对策探讨两个部分。主要包括：互联网供应链金融中电商共享平台、巨头公司等发展趋势，我国供应链行业发展中行业、互联网平台及金融机构、政府层面的发展对策等内容。

第一节 互联网供应链金融的发展趋势

一、电商平台供应链金融业务

电商参与供应链金融业务，主要有两种模式，一种是承担核心企业角色，无须投入自有资金；另一种是电商利用自有资金放贷，如阿里巴巴。目前电商供应链业务呈现出以下五个趋势。

①电商与实体店铺融合。实体店铺一度受电商的冲击很大，因此纷纷参与电商，在未来，品牌销售将实现线上线下一体化。

②线上化和去中间化。融资企业可直接在供应链平台申请贷款，平台实时审核，整个过程均可在线上完成，简化流程，降低人工成本和融资成本。将实现融资企业和融资资金提供方直接对接，去除中间化。

③快递物流企业领域综合一体化。物流企业将由传统的运输、快运等转为综合物流供应链服务商，可以为企业提供金融等服务。

④对安全的要求越来越高。渠道安全、运输安全、信用安全等。

⑤物流最后一千米所面临的压力越来越大。电商发展供应链金融业务无疑将会给供应链金融带来新的影响，且发挥巨大作用。其在供应链金融产品或者服务上的创新值得期待。

二、巨头公司供应链金融业务

供应链金融本身基于企业生产物流、信息、资金流而产生，其市场空间的广阔度，可想象空间范围直接取决于产业价值链的体量。有完整产业链的巨头，有相对完善生态圈的公司，除去银行渠道融资，发展互联网供应链金融业务也将成为新的选择。毕竟，没有任何一家体系外的金融服务公司，能超过核心企业对自身产业链的理解，也没有机构能像服务自己一样高效、直接。

苏宁是国内最大的商业零售企业，凭借优良的业绩，得到了市场和消费者的双重认可，是目前全球家电连锁零售业市场价值最高的企业之一。苏宁电器在多年发展中积累了丰富的客户资源和交易数据，因此在开展供应链金融服务上有很大的优势。

三、垂直细分领域互联网供应链金融

供应链金融的本质依然是金融，而后者的本质属性决定其不会出现高度集中的场景，且供应链金融业务向纵深发展的趋势越来越明显，细分化将是其发展的必然道路，如今已有越来越多的平台关注垂直细分领域的供应链金融这一块大蛋糕。

随着供应链金融的发展，其产品创新节奏已有所放缓，更加关注垂直细分领域的供应链金融需求，更精细化运作。每个垂直细分领域都有其特定的属性，且垂直领域可能衍生出千亿级的市场，发展供应链金融，将融资更加精细化和集成化，在垂直行业精耕细作，开辟新市场。选择现金流相对较好的行业，纵深发展供应链金融业务。

随着竞争加剧，供应链金融业务发展已到一个瓶颈期，而突破瓶颈最好的方法是深入行业、细分领域，在"巨头"尚未关注的细分领域里，构建自己的核心竞争力，以实现"弯道超车"的目的。毕竟市场经济也是追求"差异化"的经济。

供应链平台依托于产业，形成供应链闭环，可为整个供应链企业提供金融服务，打造优质供应链，提升供应链的竞争力。

四、供应链金融配套的基础设施将迎来风口

中小微企业是国民经济的重要组成部分，占据产业链80％的比例，这类群体普遍存在资金短缺问题，而银行等传统金融机构并不待见这类群体，因而传

统金融机构的服务缺位很明显。同时，未来的竞争将不再局限于企业与企业之间，而更多的是供应链与供应链的竞争，因此发展与供应链金融配套的基础设施，将迎来风口。

供应链金融要想快速发展，除了要在产品和服务上创新外，还要发展与供应链技能配套的各项基础设施，比如参与产品的设计、生产、运输、配送、销售等环节、参与质／抵押物的运营，以金融杠杆、互联网思维推动传统产业进行升级或转型。

搭建供应链金融平台，将资产、支付、风控、征信、资金、法律等环节串联，以平台为中心形成一个闭环，提高资金运作的安全，确保供应链金融的高效运行。

搭建信用基础设施，全国性覆盖范围宽阔的互联网金融举报信息平台、行业内的信息共享平台。

建立风控、征信、支付等基础设施，不过目前供应链金融具有线上化的趋势，线上化突破了地域、业务、机构的限制，但需要加强相应的金融基础设施建设，主要包括身份识别与征信、风险控制与金融管理技术应用、共同账户与托管三个方面。不过这三面基础设施的建设都离不开大数据。

相较于传统金融机构的静态监控，供应链融资更加强调对动态数据的掌握，通过对商户的交易信息比对，从而得出贷款企业的授信区间，这意味着专注于此的大数据平台或机构将迎来发展契机。

加强高新技术配套。主要包括数字签名、云计算、移动支付、身份认证等技术，此举能大幅度提高信息的处理速度，为供应链金融发展提供硬件环境。

建设基于供应链金融服务的征信系统，将传统金融信息与供应链金融信息的壁垒打通，同时打通线上线下的金融信息，实现信息共享，并以电子交易平台信息、资金流动信息等为基础设立信用评价模型，给予企业相应地授信等级、授信额度，同时更好地了解企业的信贷情况、财务状况等，为企业提供量身定制的供应链金融解决方案。

风险控制机制设施的建立。风险是制约供应链金融发展的重要因素，因此要建立风险控制机制设施，从宏观层面而言，要建立市场风险、信用风险、数据风险的管理机制，加强对供应链金融的监管；另外，建立内部风险控制机制，设立严格的规章制度和操作规范，以降低风险。

五、互联网供应链金融共享平台的创新

(一) 互联网供应链金融共享平台的意义

1. 创新了商业信用共享形式

互联网供应链金融共享平台基于产品创新，创新了商业信用共享形式。如中企云链核心产品云信，创新将优质企业的信用量化、拆分及流通，使得云信通过可融资、可流转、可拆分和可追踪的优势，将优质企业的商业信用共享到供应链的各个层级，直至供应链的末端，延长了传统供应链金融的服务链条。基于商业信用的共享，实现了产业链的综合价值提升，实现了供应链上各参与主体整体财务成本的全面下降、银行融资风险的有效降低、深度服务了有融资需求的中小企业。

2. 拓宽了中小企业融资渠道

平台上的中小企业将获得商业银行或保理公司等金融服务机构获取流动资金支持，只需上传与上一级交易对手之间的商务合同、发票等材料，即可快速获得资金融通，操作简便。同时，还可以不断丰富中小企业资金服务方案，增加了云租、云证、以票易信、保理资产证券化等产品。此外，平台上汇聚了除了工商银行、邮政储蓄银行等两大金融机构，还引入了其他商业银行、商业保理公司、证券机构等各类金融合作机构，可以多种途径和方式满足中小企业融资需求，拓宽了中小企业的融资渠道。

3. 有效化解企业"三角债"

共享平台能够有效化解企业"三角债"的解决方案。企业"三角债"是企业之间拖欠资金所形成的连锁债务关系，三角债波及面广，规模过大，会造成系统性财务风险。当前我国企业财务最明显的特征为应收账款和应付账款占比较大，三角债现象非常普遍。如中企云链平台上的注册企业签发云信，抵消应付账款；持有云信，免费流转到另一级供应商，抵消应付账款；接收云信，抵消应收账款。云信基于供应链企业的应收账款和应付账款的流动而设计，云信的每一次流转，都化解了一笔债务。从而帮助产业链上的企业提供清理"三角债"，既提高了债务清理效率，又优化了企业财务管理。

4. 科技赋能实现开放发展

凭借技术优势将在产业互联网领域的创新商业逻辑、实践和技术集合，再

通过私有化部署、二次创新和定制化开发，帮助客户独立开展供应链金融业务，顺应了供应链金融服务平台化、生态化的大趋势，促进了供应链金融综合生态发展。互联网供应链金融共享平台可免费提供给核心企业，同时可根据行业特点定制化开发，为核心企业开展产融结合的供应链金融业务提供有力的工具支持。

同时，与各商业银行等金融机构开展业务合作的同时，可以与其自身供应链金融产品相结合，基于银行自身场景开展特色供应链金融业务，如工商银行"工银信 e 融"业务，农业银行与中企云链合作开发的"保理 E 融"业务，恒丰银行与中企云链合作的"恒融 E"等等；此外，可以与物流企业密切合作，打造智慧供应链体系及线上供应链金融。如中企云链基于中间平台的成熟的科技开发及运营的经验，科技赋能供应链金融发展，也实现了自身的开放发展。

（二）互联网供应链金融共享平台的应用

1. 拓宽供应链金融服务

互联网供应链金融共享平台模式，创新性地突破了传统供应链金融基于核心企业开展授信业务的局限性，将核心企业商业信用通过真实贸易过程，流转到链条中的中小企业，中小企业自身的交易受到了关注。中小企业在互联网供应链金融共享平台上，可以进一步建立和丰富以其自身为中心的供应链，进而建立和丰富以其自身为中心的产业生态圈。以中小企业自身交易为核心的金融服务，通过供应链金融服务挖掘更多的供应链末端的"长尾"客户，扩大限于供应链金融服务的范围，将为供应链金融发展带来巨大的市场价值。在互联网供应链金融平台化和生态化发展的趋势下，加强产品创新，不断拓宽以中小企业自身交易为核心的供应链金融服务，将有利于使中小企业享受更丰富、便捷的综合金融服务。

2. 加强与产业链金融合作

供应链金融与产业链金融契合度非常高，产融结合的互联网供应链金融发展更具有发展优势。供应链金融较多应用标准化、流程化的产品提高行业适应性，互联网供应链金融在发展中形成了宽度优势。产业链金融是针对产业链的各个环节设计基于标准化、特色化的产品，为产业链提供综合的金融服务，有服务深度优势。因此，在发展中应找准市场定位，充分重视产业链金融风险，战略性选择重点产业链和产业链金融服务机构，深度合作，实现宽度和深度的优势互补。

3. 加强创新技术的应用

各项新型创新技术的应用将不断推动供应链金融产品创新，也将是未来互联网供应链金融平台发展的主要竞争力。随着互联网供应链金融平台的发展，新的技术不断应用到供应链的金融产业生态的运行中，使得供应链金融服务越来越高效，越来越智能。物联网的可视跟踪技术能够有效控制风险，并辅助供应链金融的资金提供者进行信用调查，提高供应链金融的管理效率等；大数据技术可以降低互联网供应链金融的业务成本和贷后管理成本，并更好管理供应链上企业的金融服务需求等；区块链技术对互联网供应链金融的影响将会更加广泛，将对未来互联网供应链金融服务平台的支付清算、数字票据服务等领域产生变革性的影响。另外，人工智能等其他创新技术不断发展也将渗透影响互联网供应链金融平台的发展。物联网、大数据、区块链、人工智能等创新技术的应用不断推动供应链金融服务升级。

4. 建设智慧供应链

智慧供应链将促进我国产业端的供应链升级，优化互联网供应链金融发展的产业基础。从技术发展的角度智慧供应链技术支撑体系已经基本形成，这些技术涵盖了 5G 网络、物联网、大数据、云计算、人工智能等创新技术。智慧供应链将是提高供产业链经营效率的新的商业模式，必将更好的整合和共享供应链的各类信息。通过建设完善智慧供应链，夯实产业基础，互联网供应链金融复合系统的协作关系也将同步得到优化。

第二节　我国供应链行业发展的对策探讨

一、供应链金融行业的发展对策

（一）创新供应链金融服务组织

发展产业链金融不仅是银行的事，而是整个经济运行的重要机制问题。从当前商业银行面临的实际环境来看，要突破传统贷款管理理念是一件非常困难的事。因此，不能完全依赖银行的自我完善，需要社会的力量去共同推动。创立新的供应链金融服务公司是突破商业银行传统贷款管理理念、推动供应链金融发展的最有效的手段。新的供应链金融服务公司应由银行、供应链核心企业、相关的利益方及其他投资方共同出资组成，以专业化服务为宗旨，推动产业资本与金融资本的深度结合，促进实体产业与金融产业共同繁荣。同时，成立新的供应链金融服务公司，有利于国家金融货币政策与扶持措施能够真正落实到实体产业，有效防止过渡金融化问题。近几年来，在银行供应链金融放慢脚步的同时，一些大的核心企业，他们凭借自身实力和银行给予的大额授信，抓住市场机遇，以融物与融资相结合的方式，发展供应链金融，取得很好的业绩。虽然他们没有供应链金融服务公司之名，并有资金二道贩子之嫌，但他们做的是实实在在的供应链金融。专业化的供应链金融服务公司正在他们之中孕育成雏形。

（二）改进银行的供应链金融服务

创立新的供应链金融服务公司并不是要全部代替银行的供应链金融服务，而是要通过外部环境的改变，进一步促进银行改变自身缺陷，提供更好的供应链金融服务。改进银行的供应链金融服务要从改进融资业务的流程着手：一是创建科学规范的业务流程，确保流程有创新的思想、完善的制度、全面的监督以及科学的管理为基础；二是要加强人才培养，建设一支高素质的供应链金融服务团队；三是根据业务的类型在银行内部设立相应的专业机构，并建立相应的考核机制，系统推动供应链金融业务的发展。

（三）加大行业间沟通交流

如今，随着网络高新技术的不断发展，以往的传统产业布局正在发生变化，这给供应链金融的发展带来了曙光。从字面上可以看出，网络高新技术的进步为互联网金融的不断向前发展提供了动力，与此同时，电子商务、物流管理以及一站式供应链服务平台同产业金融的联合也在一定程度上促进了互联网金融的发展。这里包括了许多的参与者，这些参与者在某些方面都拥有自身的优势，如：信息优势、科技优势以及行业优势，能够使中小企业通过多种渠道进行融资，所以必须继续保持这种众多参与者的局面。因此，在各行业进行合作、协商的基础上，不同的企业间就可以进行互补，从而为有融资需求的企业提供资金，确保供应链金融能够顺利开展。另外，由于银行是融资资金的主要来源，所以互联网金融的参与者们应当利用自身优势来给予银行丰富的客户资源，不断地提升其业务能力，同时也可以得到充足的资金。

（四）营造良好的发展氛围

行业间各个企业应该凝聚一股向心力，营造良好市场环境，积极的顺应经济发展趋势，更新自己的发展观念，以供给侧结构性改革为主要改革目标，利用以商事制度改革的契机，大力打造和谐有序的竞争环境，促进供应链金融行业的良性发展。各企业应该夯实质量基础，提高产品和服务供给质量，完善企业服务平台，加强行业自治功能，共同维护好供应链金融行业的健康、稳定、良好的发展氛围，为供应链金融行业可持续发展开创优质的新局面。

（五）充分利用互联网技术

互联网技术的发展催生了网络金融。要充分利用网联网技术，突破供应链融资业务在地域和时间的限制，实现产销一体化、系统化金融服务。同时，利用网络技术可以全面及时掌握供应链成员企业的相关信息，有效防范和控制信用风险。

（六）建立规范的一体化操作流程

供应链金融由于业务种类繁多，参与主体众多导致操作风险更加复杂，因此应根据不同类型的供应链金融业务制定专业化流程和指引，明晰各部门业务职能，对降低风险具有重要意义。应建议各金融机构设立专业的操作管理部门，针对不同业务设立专业岗位并编制管理要求，在明确部门与岗位责任的基础上将责任明确到人。同时，将金融机构间的信息互联编制一套专业系统，通过线上规范的一站式操作流程，降低人为操作风险。

二、互联网平台及金融机构的发展对策

（一）提升风控水平和效率

科技作为第一生产力，在当前大数据环境下，很多人已经见识到了互联网科技的力量，我们浏览购物商城，他们会推送我们感兴趣的商品；出门不再带现金；一个手机便能实现所有的卡片功能；等等。金融行业更是如此，很多年轻人都在使用"花呗""借呗""京东白条"这些信用工具，但是为什么阿里和京东能够无抵押直接借给我们钱呢？就是利用了金融科技，对我们每个人进行评估。

金融科技包括大数据、人工智能、区块链和物联网技术等，能将供应链上下游中小企业纳入供应链网络体系中，一定程度上打通各环节信息壁垒，提升供应链整体效率。借助于海量的数据积累和相关技术，互联网各个平台应该充分发挥"数据＋模型＋技术"的优势，不断进行创新升级，使得风控水平和增信能力不断提升，降低整个运作过程中的交易成本。同时应该以技术手段联通各方，打造一个高效运作、互联互通和"去中心化信用支撑"模式的新型产业链生态。

（二）建立数据共享机制

目前由于商业银行、互联网金融机构、电商平台、电信运营商、政府机关都掌握有大量的用户数据，但是存在严重的数据孤岛问题。单个机构或者企业拥有的信息不能全面地反映用户形象，银行所拥有的信息主要反映用户的财务信息，很难分析用户的行为特点；电商企业容易分析用户的行为偏好，但是难以获取不经常使用网络的用户信息；电信运营商能够分析用户的朋友圈和社交情况，但是无效信息很多处理难度大。

而互联网平台可以跨界同各个平台、机构、政府合作，建立一个开放型的数据共享平台。因为互联网金融机构在这方面技术底蕴比较强，可以使用数据处理技术、对所有的信息进行加密转换，使得数据能够显示出需要展示的特点，但是又不会泄露出具体的数据（也就是其他人只能看到编码者想让其他人看到的信息），而在降低信用风险也有足够的动机。因此，当前互联网金融机构应该联合建立一个信息共享的系统有效降低行业风险和经营成本，使整个行业受益。

（三）完善人才培养机制

任何公司、任何机制的高效发展都离不开人才，对于互联网供应链金融来说也是如此，需要大量的专业人员建立风控机制、提供基础的程序服务等等。在依靠金融科技的互联网金融机构来说，如何保证在自动化的风控和操作流程的顺利进行是非常重要的。在此意义上，降低操作风险要比控制其他风险更为重要，而利用 AI 机器学习自行升级风控模型同样最大的风险就是操作风险，因而互联网金融机构需要大量的编程方面的人才。

对于互联网公司来说，需要着重培养"金融＋科技"的复合型人才，招收具有编程背景的金融专业学生，在录用培养过程中要锻炼其将金融专业能力转换为程序的能力。目前有许多量化基金都在此方面探索，不仅仅如此各学校也可以在金融专业学生培养过程中加入编程课程，促进复合型人才的培养。

（四）加强供应链管理能力

我国大部分核心企业缺乏供应链管理能力，这已经成为制约中国产业升级的重要因素。供应链金融作为供应链管理的服务体系之一，核心企业是建设供应链管理健康发展的最佳主体，其健康发展必须从产业层面出发，产业链各方需要充分树立以产业为基础的互利共赢、协同发展的管理与经营理念。在此基础上才能为供应链上下游中小企业提供真正可持续化的金融服务，让金融归本溯源，使金融与产业双向促进，形成良性循环。

（五）建立完善的风险评估模型

在融资企业的特征上进行风险的评估与把控，实施专门化的风险管理机制。但是行业以及企业的不同，都将会产生差异化的运营方式以及经营状况，所以难以通过普通的风险评估模型来预测可能存在的风险。而专门化的风险管理机制可以很好地解决这一问题，能够对不同企业的风险提供不同的风险处理方案。

另外，还需要推出基于大数据的风险分析模块，在互联网模式下的供应链金融模式的特赦下，大数据的应用能够较好地实现对风险的控制，因此，必须把握住这个优势，通过对数据的采集，对大数据的分析，以以往的交易数据、信用数据为基础，以企业目前运营情况的数据为指向，对企业的未来风险进行部分预测，为风险防范打下数据基础。

建立完善的风险控制程序。应该具备全局意识，严格根据"风险挖掘、风险监控以及风险处理"的顺序来展开风险管理。随着供应链业务的种类变多，整个供应链的结构也变得越来越复杂，所以必须重视对每一个部分的监管，建立并完善风险评估模型。

（六）建立更加高效可行的供应链金融模式

要建立更加高效并且可操作性高的供应链金融模式就应该同时具备以下几个条件。

一是打好数据基础。造成中小企业融资困境的主要原因是信息的不对称，所以应该将重心放在信息不对称的解决方法上来。由于网络高新技术的不断发展，信息平台的搭建变得更为快捷简单，倘若供应链金融上的企业掌握了大量的有效数据，并在中小企业的贷款上加以合理运用，那么贷前数据获取、风险识别以及贷后的风险监控就都能得以实现。

二是有足够的物流能力。研究表明，大部分的供应链金融服务商有着不同角度的优势，但却难以表现出充足的物流仓储能力。融资企业所提供的贷款抵押物是第二还款来源，能够为提供贷款的机构降低风险与损失。值得一提的是，拥有足够物流仓储能力的服务商可以主动地对风险进行控制，因为企业可以对货物进行实时跟踪，从而掌握货物的实际情况。

三是有充足的资金来源。随着网络高新技术的发展，供应链金融的业务种类不断增多，经营范围逐渐扩大，对资金的需求也逐渐增多。除去银行，其他的一些供应链金融放款人不具备获得存款的能力，所以必须要保持充足的资金来源来推动供应链金融的发展。

四是要加强对行业的理解。供应链金融业务种类的增加，表明了融资方是多样的。想要拓宽融资企业的融资渠道，就必须对融资方的行业有一个全方位的理解，并推出专门化的融资方案，可以在一定程度上对风险进行控制。

三、政府层面的发展对策

（一）建设综合信息服务平台

政府牵头建立大数据信息服务平台，因为目前存在着严重的个人信息泄露问题，政府搭建平台能够尽可能地避免为了利益而泄露信息，政府利用这个平台向其他企业提供有限度的信息，促进金融机构发展，推进普惠金融。例如2019 年 2 月重庆市人民政府办公厅发布了《关于开展运用大数据助推民营企业小微企业融资试点工作的通知》，依托重庆市社会公共信息资源共享交换平台，建立全市民营企业小微企业融资大数据服务平台，帮助中小微企业融资。

（二）完善征信体系

我国目前的征信体系不仅仅是征信机制不健全，而且各个行业机构的征信体系相互独立、标准不一，例如银行得到的征信数据和互联网金融机构的征信数据不能很好地统一结合，有的互联网金融机构的产品即使违约，也不会被计入央行征信，会存在个别用户多次在不同平台违约，但是却不能提前预警的情况。这些问题提高了各个金融机构尤其是互联网平台金融业务的信用风险，阻碍了金融市场的发展。因此政府应该尽快完善我国的征信体系，为金融机构开展金融业务创造一个良好的信用环境，具体措施如下。

①由央行牵头，将各个银行、小贷公司、互联网金融机构、数据公司、公共事业单位等的信用系统统一起来，建立一个统一的、全面的征信数据库。

②引导各个平台、金融机构实现一定程度上的信息共享，这样金融机构在开展供应链金融业务的时候就能获得更多有价值的信息，最大程度降低信息不对称带来的影响。

③出台有关用户信息保护的法律，既要建立用户的征信数据，也要建立企业的征信数据，避免金融机构滥用职权违规使用用户的征信数据，要严格限制第三方机构对用户信息的挖掘程度和处置权。完善征信体系不仅可以帮助互联网金融平台更准确地进行信用评估，还能帮助更多中小企业获得融资机会。

（三）增强互联网金融监管力度

互联网金融在近些年里面经历了疯狂发展，现在潮水逐渐退去，越来越多的互联网金融机构在清算，而有些公司也成功实现了转型升级。2020年2月，中国人民银行在电视电话会议中指出，要彻底化解互联网金融风险，建立完善互联网金融监管长效机制。由于我国法律制度本身也不健全，对于互联网金融这种创新性非常强的新事物，法律法规跟不上行业发展是很正常的，目前要化解互联网金融风险、增强监管力度可以从以下两方面实现。

一方面要填补互联网金融领域的法律空白，尽快建立一个全面完善的法律制度，为监察机关提供法律保障，也为打"擦边球"的互联网金融公司提前设立界限，不能被动地制定法律法规。

另一方面要采用积极审慎的监管原则，主动出击保护消费者和企业用户，对互联网金融机构进行功能性监管，加大信息披露。这样将那些裸泳的违规机构剔除出去建立一个良性竞争的市场，达到肃清市场的目的，又能使已有的合规经营的机构基于法律放心经营，降低其运营成本。这样才能使整个供应链金融在法律制度下更好地为中小企业服务。

（四）加强供应链金融发展政策支持与法律支持

在2017年10月，国务院办公厅在下发的文件中明确表示必须主动地推动供应链金融的发展，如此一来就为供应链金融的发展带来了政策的支持。六个月后，国务院又出台了《关于开展供应链创新与应用试点的通知》，这一文件的出台对供应链金融的实践开展有着极大帮助。随着供应链金融业务的不断发展，整条产业链也得到了健康稳定的发展基础。所以，政府应提高对供应链金融的支持力度，明晰供应链金融对供应链整体发展的促进作用，通过政府相应的政策支持，能够使得供应链金融实现稳定的发展。除此之外，政府有关部门还应当制定一系列的政策来引导行业内的正常经营，通过政府的行政力量来帮助供应链金融获得一个健康的环境，从而便于供应链金融进行业务创新。供应链金融有着众多的参与者，有着复杂的结构，然而，目前政府部门尚未出台相关的法律来规范各参与方的行为，所以必须加强政府的政策支持。

助力中小企业做大做强，绝非一日之功，切不可操之过急。尤其在政策方面，务必切实符合中小企业的需求与特点。这就要求政府必须充分了解广大中小企业的生产经营状况，明确它们的"痛点"，进而在切实可行的政策下支持和扶持中小企业发展。如果在所有的政策、资源、资金、服务等，都可以为中小企业提供一定的帮助和支持的情况下，中小企业的发展势必迈入下一阶段，从而成为我国经济持久发展的不竭动力。

（五）制定供应链金融行业标准

建立供应链行业标准，能够从源头将金融风险降至最低，确保供应链金融的健康有序发展。所以，政府等有关部门要敢于将先进的互联网技术应用于供应链系统中，依托各产业发展的实际情况尽快制定并完善行业准入门槛，从企业的发展潜力、信用状况、经营能力等各方面对企业进行 360 度研判，鉴定其抵御风险的能力，为实现供应链金融的制度化管理和智能化监控打下坚实的基础。

参考文献

[1] 何娟.供应链金融风险综合评价与测度 [M].北京：经济科学出版社，2015.

[2] 汤国生.供应链金融背景下银行授信决策研究 [M].武汉：湖北人民出版社，2016.

[3] 颜浩龙，王晋，黄成菊.物流与供应链金融研究 [M].北京：国家行政学院出版社，2016.

[4] 哈乐群.物联网环境下农产品供应链的管理与优化 [M].长春：吉林大学出版社，2016.

[5] 任浩.互联网＋供应链金融 [M].北京：电子工业出版社，2017.

[6] 周启清.供应链金融理论与操作技术 [M].北京：中国商务出版社，2017.

[7] 李诗华.供应链金融风险预警与防控 [M].北京：中国商务出版社，2017.

[8] 顾婧.供应链金融模式创新与风险管理：理论与实证研究 [M].成都：西南财经大学出版社，2017.

[9] 丁俊发.供应链理论前沿 [M].北京：中国铁道出版社，2017.

[10] 张涛.互联网金融模式研究与案例剖析 [M].长春：吉林大学出版社，2017.

[11] 张诚，魏华阳.中小企业"互联网＋供应链金融"模式创新及风险防控研究 [M].成都：西南财经大学出版社，2018.

[12] 张洪玮.互联网背景下供应链金融研究 [M].长春：吉林大学出版社，2018.

[13] 沈哲.指数思维与大宗商品供应链金融战略关系融资服务 [M].上海：上海交通大学出版社，2018.

[14] 张淑丽，王爽．供应链金融规范管理与风险管控［M］．长春：吉林大学出版社，2018.

[15] 贾焱．互联网金融［M］．北京：北京理工大学出版社，2018.

[16] 王喜富，崔忠付．智慧物流与供应链信息平台［M］．北京：中国财富出版社，2018.

[17] 中国物流与采购联合会物流与供应链金融分会．中国物流与供应链金融发展报告2018［M］．北京：中国财富出版社，2018.

[18] 吴科．供应链金融［M］．南京：东南大学出版社，2019.

[19] 段伟常，梁超杰．供应链金融5.0［M］．北京：电子工业出版社，2019.

[20] 董兴林．统一授信供应链金融风险机理与监管绩效研究［M］．北京：经济管理出版社，2019.

[21] 刘颖．大数据背景下基于供应链金融的信用风险评价方法研究［M］．北京：科学出版社，2019.

[22] 王先庆．新物流：新零售时代的供应链变革与机遇［M］．北京：中国经济出版社，2019.

[23] 孙雪峰．供应链金融［M］．北京：机械工业出版社，2020.

[24] 陈洁．"互联网＋"背景下先进制造业供应链金融创新路径研究［M］．北京：海洋出版社，2020.

[25] 邱晖，李宗民．"互联网＋"供应链金融发展浅议［J］．合作经济与科技，2017（04）：74-75.

[26] 侯红萧．互联网供应链金融模式创新与风险研究［J］．时代金融（下旬刊），2019（06）：1-2.

[27] 高剑．中国互联网供应链金融模式比较研究［J］．现代商业，2019（16）：102-103.

[28] 郑昱，张凯夕．供应链金融风险管理研究：基于中小企业融资视角［J］．金融发展研究，2020（10）：45-51.

[29] 毛亮，戴云飞．商业银行平台模式下线上供应链金融研究［J］．中国商论，2020（11）：21-23.

[30] 蔡恒进，郭震．供应链金融服务新型框架探讨：区块链＋大数据［J］．理论探讨，2019（02）：94-101.